# 身の丈起業

47歳鉄鋼営業マンが
介護事業で成功した理由

池 俊明
IKE TOSHIAKI

幻冬舎MC

# 身の丈起業

47歳鉄鋼営業マンが
介護事業で成功した理由

池 俊明
IKE TOSHIAKI

幻冬舎 MC

# はじめに

「このまま今の会社にいてキャリアアップはできるのか」
「今の収入で老後も不自由なく暮らせるのか」
「一生この仕事を続けたいのか」

人生100年時代といわれる今、多くの人がこれからの働き方について問われています。

今の会社にとどまる、転職で仕事を変える、副業を始める、起業する……これらの選択に正解はありません。ただ、起業を考えている人のなかで、失敗のリスクを考えて一歩を踏み出せずにいる人がいたら、私の経験が役に立つかもしれません。

2000年1月、48歳を目前にして25年間勤めた商社の鉄鋼部を退職した私は、まったく経験のない介護事業で起業するという、人生最大の選択をしました。

もともと学生時代から「いつか起業したい」という夢を持っていた私は、社会経験を積むために就職し、機が熟したら会社を辞めて自分で会社をつくる気でいたのです。

ただ、いざ就職してみると意外に会社組織で働くことも面白く、このまま順調に出世ができるなら、それも悪くないかなとも思うようになっていました。

最初の転機は37歳のとき。社内で課長になれるか否かの分かれ道で「だめなら独立起業しよう」と思い、実際に会社をつくってサラリーマンを辞める準備をしていました。登記まで済ませていつでも退職できる状態でしたが、幸いにして昇進が叶い、私は「慌てて起業する必要はない」と思い直しました。その会社はペーパーカンパニーのまま閉じて、会社に残ることにしたのです。

その後、44歳で中国の会社に出向し、本社に戻ってきたのが2年後の1997年。その頃、会社は大規模な事業の転換を図っていました。それまでの総合商社志向をやめて専業商社、本業回帰へと舵が切られたのです。

具体的には、本業であるガス事業部を強化することでコア・コンピタンス（企業の中核となる強み）を確立するとともに、業績の悪い事業部を整理して、別の新たな事業に挑戦することとなりました。あいにく国内の鉄鋼業が斜陽産業で、私がいた鉄鋼部も整理の対象でした。

会社は新規事業に挑戦するにあたって、社内で新規事業計画の募集をかけました。自分の企画が採用されれば、社内ベンチャーとして起業することができます。

ここで私の起業熱が再燃しました。なんとしてもこのチャンスをモノにしたい、そう思ったのです。

私は、「将来性があって」なおかつ「自分ができる事業」は何かと考えました。いくつかの候補のなかで、最終的に私が選んだのが介護ビジネスです。

理由は大きく3つ。

1つめは、ちょうど2000年4月から介護保険制度が施行されるタイミングで、高齢者やその家族に向けたサービスの需要が伸びるのは確実だったこと。

2つめは、全事業者が新制度のもと、同じスタートラインからの勝負だったこと。みんなが手探りで一からビジネスモデルを構築するのなら、福祉の素人の私でも知恵を絞れば戦えると判断しました。それに顧客や取引先を開拓するのは、営業一筋でやってきた自分の得意分野です。

3つめは、取引先の寝具メーカーが介護ショップを試験的に始めていて、手本が身近にあったこと。その取引先とは懇意にしており、ノウハウを学んだり、アドバイスをもらったりすることが可能な関係性でした。

私は満を持して、市場の大きい東京・大阪で介護ショップを開く、投資額1億円のプロジェクトとして応募しました。しかし、会社のジャッジは「時期尚早」。プロジェクトが採用されることはありませんでした。

さて、どうするか……。

介護事業をやるなら競合の少ない今を逃す手はありません。起業するなら、年齢的にも最後のチャンスです。

何よりも、「自分の力を試したい」という思いが強くなっていました。一度きりの人生、ここで踏みとどまって後悔したくはありません。

こうして私のなかで決断の瞬間が訪れたのです。

私は自身のプロジェクトを引っ提げて退職し、起業家としての人生をスタートさせました。

最初の店舗は、鉄鋼関係の取引先の親戚の方が月5万円という良心的な家賃で貸してくれるというので、千葉の大網白里町（当時）に決めました。15坪ほどの小さなテナントで、福祉用具専門店を開業したのです。

社員は私と妻の二人だけ。店番は妻に任せて、私は来る日も来る日も営業に明け暮れました。その甲斐あって少しずつ地元に根付くことができ、やがて地域の方々から「おじいちゃん、おばあちゃんが利用できる介護施設やサービスはないか?」などの相談を受けるようになりました。

当時は高齢者が利用できる施設やサービスがほとんど整っていなかったのです。それなら、私が施設をつくって提供しよう! と、さっそくグループホームや訪問介護ステーションをつくって運営を始めました。その後もニーズに応じて、適合高齢者専用賃貸住宅(現在のサービス付き高齢者住宅にあたる)や有料老人ホーム、デイサービス、ショートステイなど、事業の幅を拡げていきました。

創業から20年となる現在では、首都圏および関西、福岡にて43棟の施設を運営しています。直近で始めた4施設を除く39施設(全1310床)の入居率は、10カ月連続90%超を誇ります。2020年度の売上は50億円を達成できそうです。

門外漢だった私が大きな失敗なく今に至っているのは、「身の丈起業」をしたことが大きかったと思います。

身の丈起業とは、できるだけ背伸びをしないで、しっかり足場を固めながら着実に力をつけていく経営の方法です。

私はサラリーマン時代、いつか自分が起業するときのためにと、さまざまな経営者の手法を観察してきました。また、夜間学校に2年間通って、経営学の基礎を学びました。そうやって常にできることから準備を重ねていると、少しずつ起業に必要な〝駒〟がそろってきます。開業資金や有益な情報、コネクションといった手持ちの駒をそろえてから起業したほうが、スタートアップで転びにくくなります。

実際に私の経営手法では「資本を食いつぶさない経営」を徹底しています。

仕入れや設備投資は資金的に余裕を残した範囲で行います。そうすれば、必ず手元に一定額以上が残るので会社は潰れません。例えば、2008年の介護報酬改定では、介護用品のレンタルに対する点数が大幅に減額され、利益が大きく減って事業が傾きかけたことがあります。そのときでも冷静に対応できたのは、手持ちの資金で持ちこたえている間に、次の手を打つことができたからです。

そうやって地道な経営を積み重ねていくと、会社は少しずつ体力を蓄えていき、安定経営が成り立ちます。やがて会社は、ヤドカリがその体の成長に合わせてひと回り大きな住居に移り住むように、事業拡大すべきときが訪れます。その勝機の見極めや資金投入のタイミングもまた身の丈の範囲内で行います。そうすることで、危ない橋を渡らず、企業を拡大することができるのです。

さて、読者の多くは若い世代の方々かと思われますが、人生が100年あるとすれば、まだまだ先は何十年とあります。これからを豊かに生きていこうとするとき、会社におんぶにだっこや成り行き任せで大丈夫ですか?

会社員として真面目に働いても給料は上がらず、税金や社会保険料だけは上がっていきます。将来の年金も当てにならないかもしれません。かといって、投資でお金を増やそうにもハイリスクなものが多く、下手をすれば豊かな生活どころか資産を大きく失うことにもなりかねません。

それならいっそ起業して、「自分が生きていく分は自分で稼ぐ!」と考えてはどうでしょうか。

「サラリーマンでいるのも不安だが、起業するのも不安だ」というのなら、私のように身の丈起業から始める手があります。

本書では、私自身の経験を振り返ることで、将来性のあるビジネスの種の見つけ方や、着実で失敗しない経営のためにすべきこと、会社を強く大きくする勝負どころの見極め、社員のやる気や幸福度を上げるための工夫などをお伝えします。また、経営を20年やってきたなかで気づいた、事業家としての心得や経営者マインドについても話したいと思います。

起業を考えるビジネスマン、将来に不安を抱いている皆さんにとって、本書が羅針盤になれば幸いです。

最後に、本書の出版にあたって、半年にわたり何度も弊社まで足を運び、本書をおまとめいただいたライターの松本様、編集にご尽力いただいた幻冬舎メディアコンサルティングの伊藤様、枝久保様、上島様に感謝の念を捧げます。

目次❖身の丈起業　47歳鉄鋼営業マンが介護事業で成功した理由

## 第5章 会社を大きくするには時に挑戦も必要 超慎重にタイミングを読み事業拡大に臨む

## 第6章 地道でも必ず成功する経営者になるために

# 第1章

## 年金崩壊、AI失業、時間的拘束……

## 「一生サラリーマン」でいいのか――?

## 人生100年時代で現役期間が延びている。〝いかに働くか〟が大事

毎年夏になると「日本人の平均寿命が過去最高を更新」というニュースが流れます。厚生労働省が発表した最新のデータ（平成30年簡易生命表）では、男性の平均寿命は81・25歳、女性は87・32歳となっています。

実際、自分たちの周りを見ても高齢者が多く、この国が長寿大国であることは疑う余地がありませんが、実は日本人の〝本当の寿命〟はもっと長く、「2人に1人が100歳近くまで生きる」という説があります。

平均寿命はその年に生まれた生後0週の赤ちゃんが、平均で何歳まで生きるかを年齢別死亡率をもとに推計したものです。若年のうちに亡くなる方もいるため、平均すると実際よりも低い数字になってしまいます。

簡易生命表では平均寿命ともう一つ、「平均余命」が示されています。これは、ある年齢になった方が、あと何年生きるかを推計したものです。例えば、40歳男性の平均余命は

42・20歳、女性は平均余命47・97歳とあり、いずれも平均寿命より長生きすることになります。

ただし、これらの数字は現時点での死亡率を反映した数字に過ぎません。医療の進歩などで、今まで救えなかった命が救えたり、延命できたりするケースが増えている今の状況を加味すれば、各世代の平均余命は今度どんどん更新延長されていくでしょう。

そうした現状を反映すると、今40歳前後の人の約半数は１００歳近くまで生きるというのです（『週刊ポスト』２０１８年12月14日号より。医療経済学者の永田 宏・長浜バイオ大学教授・医学博士による説）。

２０１７年2月にはＢＢＣが、「世界保健機関（ＷＨＯ）と英インペリアル・カレッジ・ロンドンの調査で、２０３０年までに先進35カ国の平均寿命が90歳を超える見込み」と報じています。

今、読者のあなたが何歳かは分かりませんが、起業を考える若い世代だとすると、本当に「人生１００年時代」は机上の空論でも他人事でもないのです。

とするならば、私がサラリーマンだった時代（今から20年前）のように、「60歳定年で、あとは年金暮らし」というわけにはいきません。実際、今は定年後の再就職が増えています。

定年後も働く理由は「生活資金のため」「生きがいのため」「うちで働いてと請われたから」などさまざまですし、何歳まで働くかも人それぞれの事情や考え方がありますが、〝現役期間が長くなっている〟ことは間違いありません。それならなおさら、〝働き方の質〟は大事になってくるのではないでしょうか。

どうせ長く働くなら、気乗りのしない仕事より、働いていて楽しい仕事や充実感を味わえる仕事、自分の能力を活かせる仕事、自分のペースで働ける仕事のほうが良いはずです。収入が増えれば尚良し。私もそう考えて47歳のとき、会社を辞めて独立起業の道を選びました。

## 私が47歳10カ月でサラリーマンを辞め、未経験の介護事業に飛び込んだワケ

ここで、私の経歴と介護事業で起業した理由についてお話しします。少し長いですが、お付き合いください。

## ●社会経験を積むために鉄鋼業界に就職

私は１９５１年、宮崎県で生まれました。実家は瀬戸物を扱う自営業をしており、きまじめに働く両親を間近で見て育ちました。大学は理工系に進み、卒業後は商社の鉄鋼部に就職して営業担当になりました。ちなみに、理工系大学を出て商社というのは、当時としては珍しい進路でした。たいてい理工系の学生は製造業に就職していました。

親の背中を見て育ったからか、自然と「自分はいつか起業して経営者になろう」と思っていたのです。ただ、社会経験ゼロでいきなり起業というのは無謀です。だから、会社勤めをして組織というものを学び、しっかりと知識やスキルを身につけてから独立しようと考えていました。

営業の仕事は思っていた以上に厳しかったですが、楽しくもありました。なかなか結果が出ないこともありましたし、理不尽な経験などもしましたが、それはどんな仕事をしても同じこと。根気よく続けているうちに、いつしかブレイクスルーのときがやってきます。

私は関東・東北地方を営業車で回り、アポイントなしの飛び込み営業で着実に実績を上げていきました。30歳からは海外出張なども多く任されるようになり、仕事の舞台が広がりました。

自分の足で歩いて顧客を開拓し、少しずつ信頼関係を積み重ねていって契約をもらう――自分が努力したらしただけ結果が出るところが、私の性に合っていたのだと思います。そして、お客さまに喜んでもらえる、モノを買ってもらって感謝されるというのが、何よりやりがいであり達成感でした。

その一方で、私は将来の起業を見据え、入社して2年後に夜間大学に通い始めました。学士編入で2年間、経営学を学ぶためです。

日中は仕事をして、夜は通学という二足のわらじはハードでしたが、ある程度の社会経験を積んでからの勉強というのは身になるものです。理論と実践がつながるというのでしょうか、体で学んだことが頭でも理解できて、すっと腑に落ちるのです。反対に、頭で理解したことを仕事の現場に持ち帰って試し、「ああ、そういうことか!」と納得した経験も何度もあります。

経営学を学んでいちばん良かったのは、損益計算書や貸借対照表、キャッシュフローなどの〝数字〟が読めるようになったことです。収支やコストの意識が定着したことで、より効率を考えた仕事ができるようになりました。

## ●社会人15年目で一度目の転機が訪れた

実は37歳のとき、一度起業したことがあります。ちょうど課長に昇進できるかどうかの分かれ道で、もしダメなら会社を辞めて自分でやっていこうと思ったのです。業種は鉄鋼関連で、当時の仕事の延長線で独立する考えでいました。

きちんと登記も済ませて退職する準備はできていたのですが、幸いにして昇進が決まり、「このまま出世できるなら、それも悪くないか」「起業はもうちょっと先でも遅くはない」と思うようになりました。その会社は、ペーパーカンパニーのまま閉じてしまいました。たしか起業から清算まで30万円くらいだったと思います。

このときは形式的に起業しただけで、事業の実態はなかったのですが、〝会社をつくる〟経験を実際にしたことは無駄にはなりませんでした。起業のための事務的な手順や手続きが理解できただけでなく、「会社を辞めるとはどういうことか」、「自分の力だけが頼りになるというのは、どんなに覚悟がいることか」、「独立するにはどれくらいの資金や期間が必要か」など、起業のイメージが自分のなかで具体的になったことが大きかったです。

ただ、今から思うと、当時の事業計画には詰めの甘い部分がありました。鉄鋼関連の海外からの輸出入や国内での流通業であれば、今の仕事の延長線なので事業として成り立つだろうという程度の見込みで、必ずしも手堅い事業ではなかったと思います。若さからくる楽観も正直ありました。あのとき会社を辞めていたら、どこかで破綻していたか、こじんまりとした社員数名の伸び代《しろ》のない弱小会社になっていたのではないかと思うことがあります。

## ●独立後に失敗しないために勉強したこと

独立を見送ったあと、私は「もっと準備が必要だ」と感じ、さらに意識して勉強するようになりました。

例えば、実業家で成功している人たちの著書や雑誌のインタビュー記事などを多く読み、経営の考え方やリーダーシップ論、時間管理術などを学びました。

特に、伊藤忠商事の社長・会長や中国大使などを歴任された丹羽宇一郎さんや、ユニクロの経営者である柳井 正さん、楽天の創業者の三木谷浩史さんなどの考え方には、共感することや「なるほど」と納得させられることがたくさんありました。具体的にどう刺激を受けたかは、第2章でお話しします。

営業職をするなかで懇意になった取引先の社員から「独立起業したいので協力してほしい」との相談を受け、起業支援をした経験からも多くを学びました。

例えば、取引先の課長だったAさん（当時40代）は、同業での独立を模索していました。独立後もうちの商社と取引をしたいということで、私に協力の要請がかかったのです。課長と私はほぼひと回り年齢が違うので、私は30代前半だったと記憶しています。

彼は奥さん名義で東京都心に不動産を持っていたのでそれを担保にして、もし独立後に倒産した場合は、うちの商社でその不動産をもらい受けるという約束で取引を結びました。独立後も5年10年と継続的に支援をして、月々の売上や利益のチェックから、年度末決算のお手伝いなどもしました。だから、一緒に会社をつくっていった感覚です。

彼の場合は、同業での独立だったので人脈などもそのまま引き継いでスムーズにやっていけました。ちなみに、Aさんはわが社の設立時からの株主にもなってくれています。

このコンサルティングの仕事はとても楽しく、自分に向いていると感じました。

そうやって何人かの起業をお手伝いしていると、起業後に順調にいく人もいれば、思いのほか苦戦する人もいて、「両者で何が違うのか」を考えるようになりました。

それは資金運用的な問題だったり、周囲の協力者の有無だったり、時には運だったりします。そういう条件がそろわないと、事業というのは軌道に乗りにくいものです。これらの条件については第2章以降で見ていくことにしましょう。

## ●40代後半、高度経済成長のど真ん中で、社内ベンチャーで起業のチャンス

私が就職した1970年代半ばは、日本は不動産の建設ラッシュに沸いていました。1972年7月に内閣総理大臣に就任した田中角栄氏が「日本列島改造論」を唱えたことで、地方活性化が推進されたのです。新幹線や高速道路が次々に造られ、地方に工場や住宅が建設されました。当然、建設に必要な鉄鋼業は需要が右肩上がりです。

しかし、好景気は長くは続きませんでした。いつしか建設ラッシュの波が去り、1990年代に入るとバブル景気も弾けました。それに伴って、国内の鉄鋼業は斜陽産業となっていきました。

私がいた商社も例外ではありません。私は1995年から中国の会社に出向していましたが、1997年にその任を解かれて本社に戻ってきました。ちょうどその頃から、社内で人員整理が始まったのです。会社のほうから私にも、「先細りの鉄鋼業に代わる新規事業を何か考えてみないか」と声が掛かりました。そうでなければ、関連子会社に役員待遇

で赴任するという方向で話が動いていました。

自分の企画が採用になれば、社内ベンチャーとして起業することができます。他人がつくった会社にポッと行って上席に座るより、自分で会社を築き上げるほうが俄然、私がやりたかったことです。「このチャンスを逃すまい！」と、燃えたことは言うまでもありません。

企画を考えるにあたって、私が特に重点をおいたのは「将来性がある業界・業種であること」と「自分の能力で経営していけること」「自分の性格に向いていること」の３つです。

１９９８～１９９９年当時、将来性が約束された業界・業種といえば、筆頭はＩＴビジネスでした。１９９５年にWindows95が発売されて以降、職場や各家庭にパーソナルコンピューターが急速に普及し始めました。

今の若い人にはピンと来ないかもしれませんが、１９９０年代後半までは「パソコン通信」のサービスしかなく、一部のテック系に詳しい人たちが専用ソフトや電話回線などを用いて、パソコン同士で情報のやりとりをしていたのです。そこにインターネットが登場して、誰もが手軽に世界中の情報にアクセスしたり、メール送受信ができるようになりました。携帯電話が一般に使われ出したのも、この頃です。

「これからはインターネットの時代だ」というので、各企業がこぞって自社のホームページや通販サイトを作ったり、文書を手書きからパソコン作成に切り替えたりなどし始めた時代でしたから、この業界の未来は誰が見ても明るいものでした。

その分、小さなＩＴベンチャーが続々と誕生しました。それを見るにつけ、「みんな思うことは一緒だな」と感じたものです。要するに、瞬く間に業界は供給過多のレッドオーシャンとなり、思い描くほど現実の生存競争は簡単ではなかったということです。

ちなみに、日本よりＩＴが進んでいたアメリカでは、２０００年をピークに「ＩＴバブル」が衰退し、乱立したベンチャー企業の淘汰が始まりました。日本でも数年遅れてアメリカをなぞるようにＩＴバブルの崩壊が到来しました。

企画を考えていた当時は、私の眼力ではＩＴバブル崩壊まで見抜けませんでしたが、今になって思えば、ＩＴで起業しなくて私の場合は正解でした。

そもそも、私は理工系大学出身ですが、ＩＴには強くありません。仮にＩＴで起業しても、「自分の能力では経営をしていくのは無理だろう」と直観しました。自分よりはるかに深い専門知識や優れたスキルのある人たちと同じ土俵に立っても、万に一つも勝てないと感じたのです。エンジニアを雇って実務は丸投げし、自分は社長になって経営だけするという手もありますが、それは私の望む起業のかたちではありませんでした。

あの頃もう一つ、将来有望な業界として注目されていたのが、介護ビジネスです。2000年4月から介護保険制度がスタートするというので、にわかに関連事業が活気づきました。

65歳以上の高齢者が人口の7％を超えると高齢化社会、14％を超えると高齢社会、21％を超えると超高齢社会となります。次に挙げる厚生労働省の資料を見てもらうと分かりますが、日本は1970年時点ですでに高齢化率7・1％に達し、世界に先駆けて高齢化社会となりました。そこから急勾配に数字は上がり、1995年には高齢社会に、2010年には超高齢社会になっています。ちなみに、現在は30％に迫る勢いで、いわば超・超高齢社会。さらに2065年には40％近くになるという予測です。

だからこそ、従来の社会保障（医療制度や老人保健制度）では高齢者を支え切れないというので、新たな仕組みが必要となり、介護保険制度が作られたのです。

## 高齢化の推移と将来推計

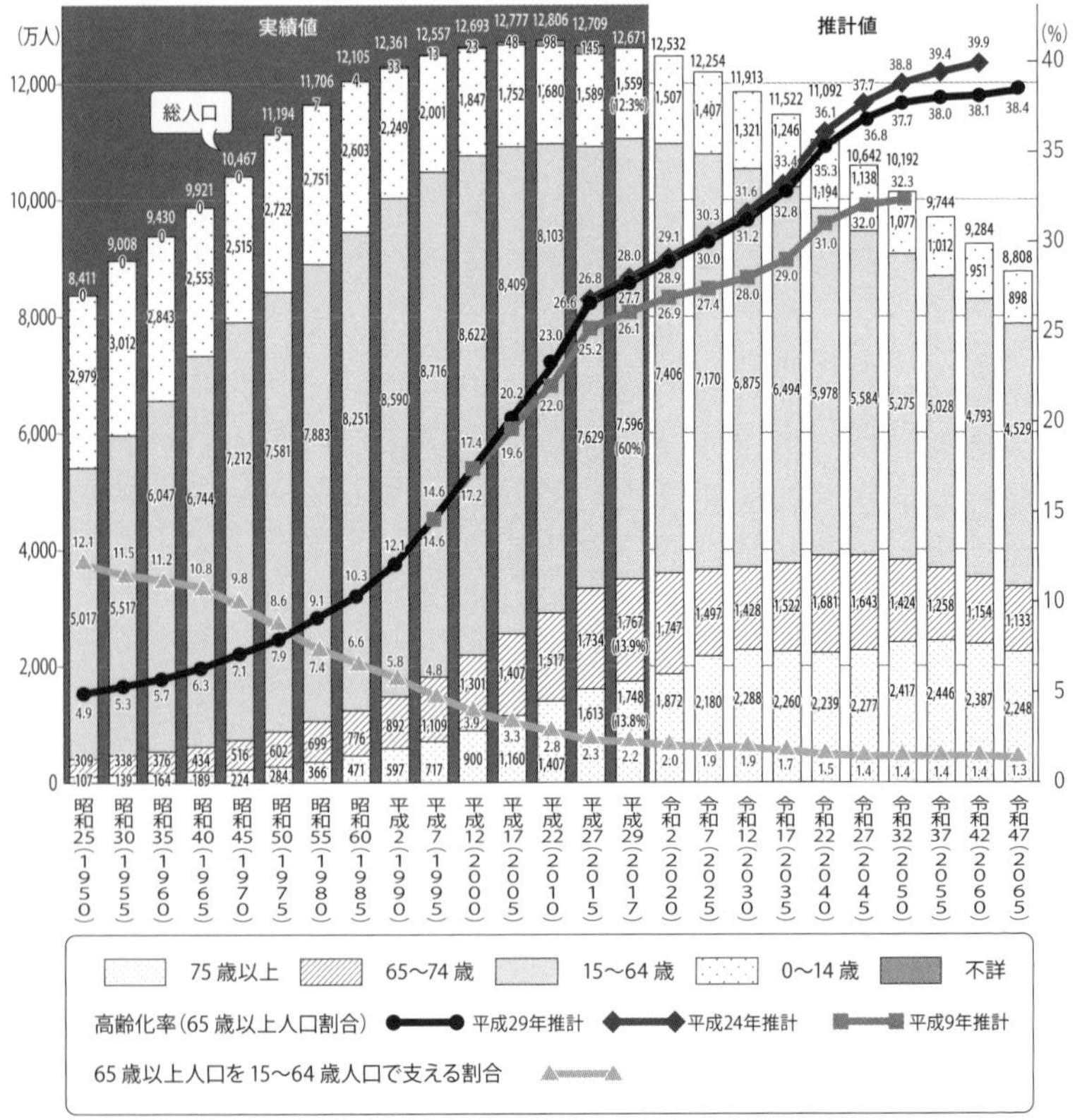


資料：棒グラフと実線の高齢化率については、2015 年までは総務省「国勢調査」、2017 年は総務省「人口推計」（平成 29 年 10 月1日確定値）、2020 年以降は国立社会保障・人口問題研究所「日本の将来推計人口（平成 29 年推計）」の出生中位・死亡中位仮定による推計結果。

（注 1）2017 年以降の年齢階級別人口は、総務省統計局「平成 27 年国勢調査　年齢・国籍不詳をあん分した人口（参考表）」による年齢不詳をあん分した人口に基づいて算出されていることから、年齢不詳は存在しない。なお、1950 年〜 2015 年の高齢化率の算出には分母から年齢不詳を除いている。

（注 2）年齢別の結果からは、沖縄県の昭和 25 年 70 歳以上の外国人 136 人（男 55 人、女 81 人）及び昭和 30 年 70 歳以上 23,328 人（男 8,090 人、女 15,238 人）を除いている。

（注 3）将来人口推計とは、基準時点までに得られた人口学的データに基づき、それまでの傾向、趨勢を将来に向けて投影するものである。基準時点以降の構造的な変化等により、推計以降に得られる実績や新たな将来推計との間には乖離が生じうるものであり、将来推計人口はこのような実績等を踏まえて定期的に見直すこととしている。

出典：『平成 30 年版高齢社会白書』（内閣府）より抜粋

介護ビジネスで起業すれば「成功の目はある」と、私は思いました。介護についてはまったくの素人でしたが、ＩＴビジネスと大きく違うところは、「みんなが同じスタートラインに立っている」という点です。福祉や看護や介護を専門的に学んだ人たちは別として、それ以外の人が介護ビジネスをやろうとする場合、全員が一からのスタートになります。「これなら、自分も勉強さえすれば勝負できるのでは」と、希望を感じました。

それに、介護は「直接、人に喜んでもらえる仕事」です。利用者やその家族の安心や笑顔が目に見えるというのが、私にとっては魅力的でした。

勤めていた商社が介護にも使える脱臭装置や酸素吸入器などを取り扱っていたので、安価に機材を仕入れできる点も有利でした。

もう一つ有利な点として、私が懇意にしていた取引先に、日本を代表する寝具メーカーの一つ、大阪西川がありました。

大阪西川は、大阪府箕面市のショップで車椅子や介護ベッドなどの販売・レンタル業を試験的に展開していました。その部長から「介護ショップの需要は大きい。業績は伸びていくだろう」との話を聞くことができました。大阪西川の部長とは何でも相談できる間柄だったので、お手本として学ばせてもらえば、独学でやるより失敗のリスクが減らせます。

当時の社長は、私が入社したときの本部長だった人で、普段からなにかと私を気遣ってくれていたため、新規事業提案を提出すれば採択してくれると強く確信していました。

## ●肝いりの企画は不採用に……ついに踏みだすときが来た！

私は介護ビジネスに焦点を絞り、経営計画書を練り上げました。企画の概要は次のとおりです。

・介護保険制度がスタートする2000年4月に合わせて、介護用品のレンタル・販売事業を展開する
・マーケット規模が大きく、需要が見込める東京・大阪の2都市で事業展開
・投資額は1億円とする

私にとっては運命をかけた企画です。「どうか通ってくれ！」と願いました。しかしながら、会社が下した答えは非情にもNOでした。というのも、私が頼りにしていた社長が急病に倒れて、別の人が社長になっていたのです。

会社からは「企画そのものは悪くないが、時期尚早」との理由から不採用になってしま

いました。言葉どおりに受け止めれば、「介護保険制度そのものがどう転ぶか、施行前の現時点では分からないため、他の出方や世間の反応などを見てから判断したい」という消極的な考えとして解釈できます。時機を待てば採用になる可能性もありそうですが、実のところはそうではありません。後任の社長がそもそも介護事業に興味を示しませんでした。それなら、いくら待っても「待ちぼうけ」になってしまいます。

正直、がっかりしました。それと同時に、「このままこの会社にいても、出世は限界だな……」と先が見えてしまいました。サラリーマンというのは、やはり主流にいないと上に登ってはいけません。副本部長待遇で関連子会社に赴任して定年までいることもできますが、なんだか心がワクワクしませんでした。

たった一度の人生なのに、このままでいいのか？

「いつか起業を」と言いながら、お前はもう47歳だぞ。

起業する日のためにコツコツ勉強し、準備してきたのではないのか？

今を逃したら、きっと介護ビジネスの成功率は下がる。競合が少ないうちが好機だ。

お前にとって後悔しない人生とは何だ？

――そんな自問自答が駆け巡りました。

結論は意外にすんなりと出ました。「今の会社を退職して、介護ビジネスで起業する」。37歳で一度独立を見送ってから10年、できる準備は自分なりにしてきました。思えば、起業に必要なものはすべてそろっているではありませんか。もう私のなかに迷いや未練はありませんでした。

## 「いつか起業」と言っているうちは何も始まらない。40歳までに起業すべき、6つの理由

こうして介護ビジネスで起業し、２０２０年4月現在では東京、千葉、埼玉、神奈川、静岡、兵庫、京都、福岡の一都七府県で43の介護関連施設を運営しています。事業規模は売上にして約50億円です。まだ道半ばではありますが、自分としてはまずまずの成功だと思っています。

起業して良かったことは、たくさんあります。

例えば、自分で考え、判断し、正しいと思った経営を実行できること。すべてが自分の裁量にかかっているというのは責任を伴いますが、これこそが経営の醍醐味でもありま

す。

また、労働時間などが比較的、自由なこと。私の場合は習慣として毎日6時半に出社して16時半に退社しますが、経営者は自分で自分の勤務時間や勤務日を決めることができます。

会社を大きくしていく喜びや、ケアスタッフやその家族の皆さんの生活を支えていく喜びも、経営者ならではでしょう。

そして、私は今年（２０２０年）で69歳になりますが、幸いにして健康でバリバリ働けます。定年なく働けることは、退屈な生活が苦手な私のような人間にはピッタリです。会社が順調な限り、生活資金の問題もありません。

ただ、一つ思うのは、「もっと早く起業できていれば、尚良かっただろう」ということです。経営者になって20年ですが、まだまだやりたいことは尽きません。もっと会社を大きくして、従業員を豊かにしたいですし、社会に貢献したい思いがあります。経営の面白さと充実感を知った今では、いつまでも現役でいたいと思ってしまいます。

理想は生涯現役ですが、現実問題として周囲に迷惑をかけずに働けるのは、せいぜい頑張ってもあと10年といったところでしょうか。今は5年後の事業承継を想定して動いていますが、後継者に席を譲ったあともなんらかのかたちで生涯、経営には関わっていけたらという思いがあります。

そこで、読者の皆さんには40歳くらいまでに起業することを勧めます。その理由は、大きく6つあります。

## ①伸び悩む年収
## 定年まで働いても生涯年収2億円に届かない⁉

まず1つめは、サラリーマンでは「稼げる額に限界がある」ことです。

サラリーマンの平均年収は、1997年は467万円でしたが、そこから減少が続き、2009年には406万円まで下がりました。ここ最近は再び上昇傾向に転じていますが、その伸び率は大きくありません。国税庁調査の「平成30年 民間給与実態統計調査」によると、2018年の平均年収は441万円で、前年比2・0%増となっています。

物価が上がり、消費税が上がり、社会保険料が上がり……と、出ていくお金は軒並み値上がりしているのに対して、年収の増加はたったの2・0%。これでは焼け石に水で、収

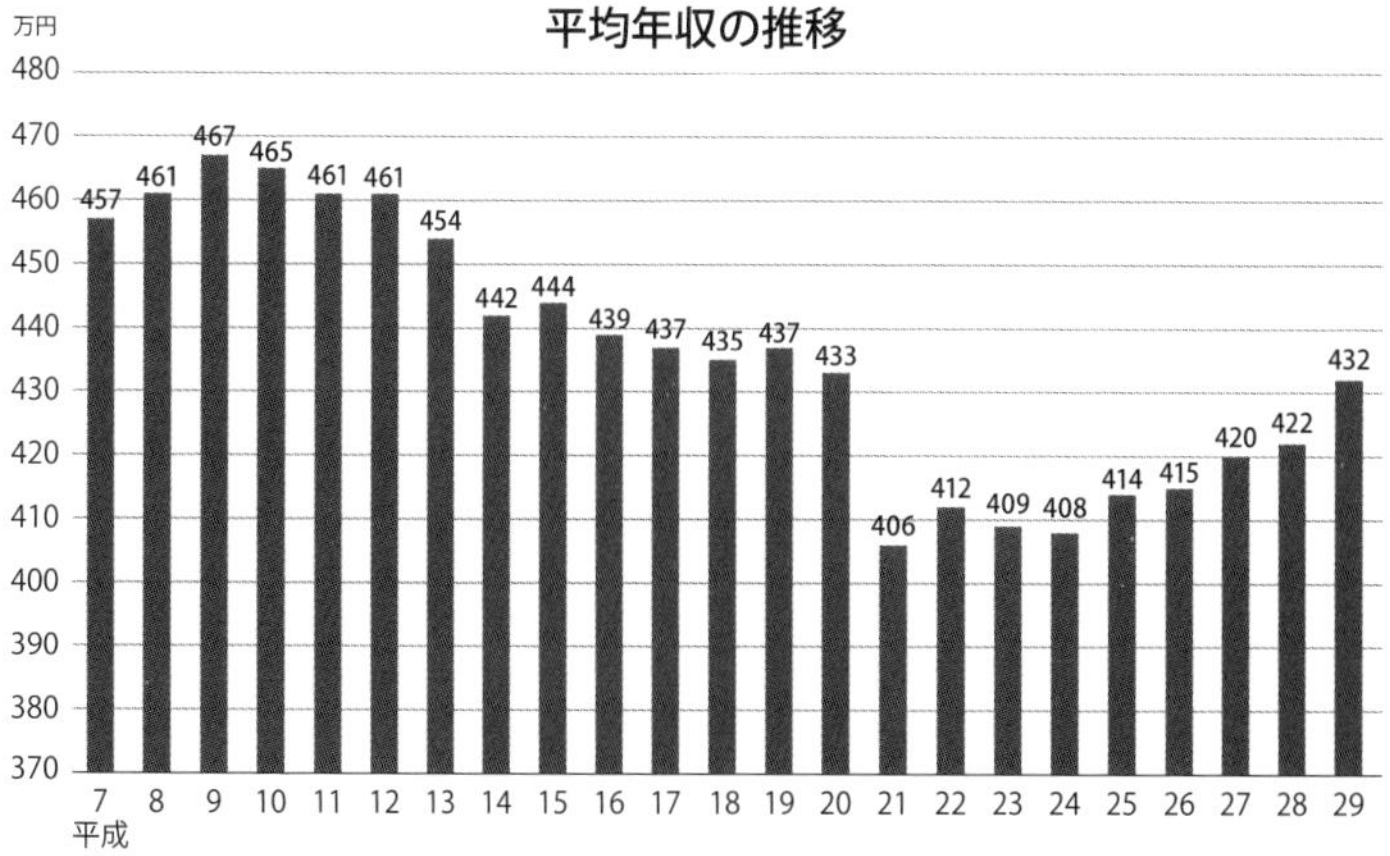


グラフ作成：賢い投資生活　https://smart-investlife.com

入は増えないどころか、逆にマイナスになっていく家庭が大半ではないでしょうか。

年単位の収入ではなく、長期的な収入で見るとどうかというと、サラリーマンの生涯年収はだいたい2億円といわれています。しかし、これは本当でしょうか？

大学を卒業して22歳で会社に就職し、60歳まで働いたとして38年。2億円を38年で割ると、約526万円になります。さっき確認した平均年収と85万円も開きがあります。つまり、今後も年収が上がらなければ、多くの人が生涯年収2億円にも届かないということ。

しかも、「年収」は会社が従業員に支払う給与額であり、「手取り（所得）」となると、税金などが引かれてもっと低くなります。

「退職金があるじゃないか」と思うかもしれませんが、退職金は一つの会社に長く勤めないと、まとまった額はもらえません。今の雇用が不安定な時代に、定年まで雇ってもらえる保証はどこにもないのです。

結婚して子どもができれば育児や教育にお金がかかりますし、住宅ローンや自動車ローンなどもあります。親がある程度の年齢になれば介護問題も出てきます。自分自身も年齢を重ねれば、体の不具合が出てくるかもしれません。

将来を見越しての資産形成をしたくても、なかなか思いどおりにはいかない時代。どの世代にとってもそうですが、特に若い世代ほどお金の心配は付いて回ると考えるべきでしょう。

つまり、今の生活を維持できればよいという場合は、サラリーマンを続けることも決して悪くありません。

「もう少し生活に余裕が欲しい」「老後の資産形成までしっかりしたい」という場合は、若いうちから収入を増やすなんらかのアクションが必要です。

お金を増やす方法としては、株式投資や不動産投資などがありますが、素人がいきなり始めて安定的に資産を増やしていけるほど甘い世界ではないようです。投資信託でプロにお任せするやり方もありますが、誰もが手軽に手を出せるような投資は、利回りもそれなり。「業者を儲けさせるだけで、客は大抵損をする仕組みになっている」という話もちらほら聞きます。

副業を始めるにしても、サラリーマンをやりながらでは、時間的にも体力的にもできることは限られるでしょう。副業を頑張って本業がおろそかになるのは本末転倒です。

そうなると、待遇の良い別会社に転職するか、自分で起業するかが現実的な道になるのではないでしょうか。

転職はうまくいけばキャリアアップしていけます。ひと昔前の日本では、転職を繰り返すのはマイナスの印象を持たれがちでしたが、最近はそうでもないようです。むしろ、アメリカのように「自分の能力を高く買ってくれる」ところにどんどん転職していくのが当たり前になってきました。

ただし、これは能力の高い人の場合です。いくつもの会社が好待遇で迎えたいと思うくらいの人材なら、自分で起業しても十分やっていけるはずです。

## ②5年後には淘汰が始まる！ ホワイトカラーの背後に差し迫る「AI失業」

2つめは、今は終身雇用制度が崩壊していて、「サラリーマンも安泰ではない」ことです。

人工知能（AI）の進化やオートメーション化によって、人間がする仕事が減りつつあります。専門家によって予測はさまざまですが、例えば、アメリカの経済誌Forbesでは「全体の30％に及ぶ仕事が、2030年までに消えてしまう危険にある。世間の人々の55％が、自動化などのイノベーションで、仕事をなくすことを危惧している」と伝えています。

また、野村総合研究所が2015年にリリースした情報では、「10～20年後に、日本の労働人口の49％が人工知能やロボット等で代替可能になる」とのこと。この予測どおりなら、5年後にはAI失業が現実のものとなります。

AIの性能が向上していちばんあおりを受けると考えられているのが、「ホワイトカラー（主に事務系の職種一般）」に類する職業の人たちです（42〜43ページの表を参照）。作業ロボットが普及すると、工場労働者や倉庫作業員といった仕事も危うくなります。

ＡＩやオートメーション化で作業効率がアップし、勤務時間が少なくなることは「働き過ぎ」と揶揄される日本人にとって一見望ましいことに思えますが、それは収入ダウンにも直結します。

リストラされたり給与額が下がってから慌てていては間に合いません。多くの人は一生サラリーマンでいることを前提にライフプランが立てられますが、ＡＩ失業時代を考えればそれが絶対ではないのです。〝会社に頼らない自立の道〟も考えるべきではないでしょうか？

※職業名は、労働政策研究・研修機構「職業構造に関する研究」に対応
50音順、並びは代替可能性確率とは無関係

| | |
|---|---|
| 製粉工 | バイク便配達員 |
| 製本作業員 | 発電員 |
| 清涼飲料ルートセールス員 | 非破壊検査員 |
| 石油精製オペレーター | ビル施設管理技術者 |
| セメント生産オペレーター | ビル清掃員 |
| 繊維製品検査工 | 物品購買事務員 |
| 倉庫作業員 | プラスチック製品成形工 |
| 惣菜製造工 | プロセス製版オペレーター |
| 測量士 | ボイラーオペレーター |
| 宝くじ販売人 | 貿易事務員 |
| タクシー運転者 | 包装作業員 |
| 宅配便配達員 | 保管・管理係員 |
| 鍛造工 | 保険事務員 |
| 駐車場管理人 | ホテル客室係 |
| 通関士 | マシニングセンター・オペレーター |
| 通信販売受付事務員 | ミシン縫製工 |
| 積卸作業員 | めっき工 |
| データ入力係 | めん類製造工 |
| 電気通信技術者 | 郵便外務員 |
| 電算写植オペレーター | 郵便事務員 |
| 電子計算機保守員（IT保守員） | 有料道路料金収受員 |
| 電子部品製造工 | レジ係 |
| 電車運転士 | 列車清掃員 |
| 道路パトロール隊員 | レンタカー営業所員 |
| 日用品修理ショップ店員 | 路線バス運転者 |

出典：「人工知能やロボット等による代替可能性が高い100種の職業」野村総合研究所

## 人工知能やロボット等による代替可能性が高い100種の職業

IC生産オペレーター
一般事務員
鋳物工
医療事務員
受付係
AV・通信機器組立・修理工
駅務員
NC研削盤工
NC旋盤工
会計監査係員
加工紙製造工
貸付係事務員
学校事務員
カメラ組立工
機械木工
寄宿舎・寮・マンション管理人
CADオペレーター
給食調理人
教育・研修事務員
行政事務員（国）
行政事務員（県市町村）
銀行窓口係
金属加工・金属製品検査工
金属研磨工
金属材料製造検査工
金属熱処理工
金属プレス工
クリーニング取次店員
計器組立工
警備員
経理事務員
検収・検品係員
検針員
建設作業員
ゴム製品成形工（タイヤ成形を除く）
こん包工
サッシ工
産業廃棄物収集運搬作業員
紙器製造工
自動車組立工
自動車塗装工
出荷・発送係員
じんかい収集作業員
人事係事務員
新聞配達員
診療情報管理士
水産ねり製品製造工
スーパー店員
生産現場事務員
製パン工

## ③何十年後の年金、社会保障など当てにならない。自活の術はあるか？

3つめの理由として、「将来の年金をはじめとする社会保障を当てにしてはいけない」ことがあります。

随分前から「公的年金は破綻する」とか「国民皆保険制度は限界だ」などと危惧されています。2019年6月には、金融庁の金融審査会がまとめた報告書が発端で「老後資金2000万円問題」が持ち上がりました。

念のために説明しておくと、「老後資金2000万円問題」とは、「年金だけで生活している世帯では、20～30年間の老後を生きるために約2000万円の老後資金が必要になる」というものです。

夫が65歳以上、妻が60歳以上の無職世帯をモデルケースに、平均的な収入と支出を計算した場合、毎月約5万円の赤字が出ることから、5万円×12カ月×30年で1800万円という数字が出てきました。

今の高齢者たちは、高度経済成長やバブル景気を経験している世代ですから、現役時代にある程度の蓄えが可能で、退職金もそれなりにもらっていると考えられます。だから、それを切り崩してなんとか生活が維持できています。しかし、今の若い世代は事情が異なります。

年収は上がらず貯蓄はなかなかできません。雇用も不安定で、退職金もどこまで受け取れるか分かりません。年金の支給額もこのままいけば減額される可能性が高く、医療費や介護費の負担額は増えると予想されます。その一方で、寿命は延び、老後が長くなっているのです。

もちろん家族構成やライフスタイル、健康の度合いなどの諸条件で世帯ごとに差が出てきますが、「到底２０００万円では足りない」というのが普通ではないでしょうか。

現役のうちにいかに貯蓄するか、定年後も年金に依存しない収入源をいかに確保するか……つまり、国を当てにしないで〝自力で生き抜く手段〟を見つけることが、非常に大切になってくると思います。

## ④今の会社でどこまで出世できるか？10年後20年後の自分をシミュレーション

4つめは、今の会社でキャリアアップが望めない場合は、「早めに見切りをつけたほうがよい」ということ。

今のままサラリーマンを続けたとして、10年後20年後、自分や家族がどうなっているかを考えることは、将来設計をするうえで外せない項目です。

10年後20年後に今の会社で重要ポストに就き、責任ある仕事を任され、収入にも満足がいくビジョンが見えるなら、わざわざ起業のリスクをおかす必要はないかもしれません。

しかし、それとは逆の未来の自分像が見えるなら、思い切って起業は「あり」です。

自分のやりたい仕事ができていない、自分の能力を活かし切れていないなどの不完全燃焼感がある人や、独立心の強い人、チャレンジ精神のある人、一から何かを成し遂げたい人、アイデア豊富な人、ひたむきに物事に打ち込める人などは起業に向いていると思います。

ちなみに、「せっかく就職できた会社だから」という気持ちが少しでもあれば、起業はやめておいたほうが無難です。サラリーマンでいることに未練があるうちは、起業したとしても頑張れないと思うからです。何かうまくいかないことがあったときに、「あのまま会社にいれば……」のように後悔することになりそうです。

もっと言ってしまえば、そもそも「会社に拾ってもらった」というような自己評価なら、起業はやめておくべきでしょう。厳しい言い方にはなりますが、自身の能力を信じない人に、起業は無理だと思います。

## ⑤そもそも今の仕事に満足しているか？　一度きりの人生、後悔しない生き方をしたい！

5つめは、「自分がいちばん後悔しない選択をしてほしい」ということ。私自身の経験を振り返ってそう思います。

現状の働き方を変えたり、収入アップを目指すには、転職という方法もあります。もちろんそれもよいのですが、職場や人間関係が変わるだけで「人に雇われる」「組織のなかに組み込まれる」という点では何も変わりません。

サラリーマンでいる以上、上司や経営者の意向にそった仕事を求められます。その仕事内容が自分に合っていて、やりがいを感じられるなら問題はありませんが、「仕事内容がしっくりこない」「自分にはもっとできることがあるのではないか」「本当に好きなことは別にある」「自分の裁量で仕事を決めたい」と感じるなら、人に使われる人生はあなたに合っていないのかもしれません。

自分で会社をつくって経営することは、一国一城の主になるのと似ています。自分の知恵と力と人望とで、一から国を築いていく面白さがあります。味方を増やし、戦術を磨いて敵と戦い、勝利して領地を拡げていく感覚は、戦国シミュレーションゲームなどでは味わえない〝本物の体験〟です。

人生は誰にとっても一度きり。時間は有限です。それなら、やりたいことをやって後悔しない人生にしたいものです。

## ⑥会社が軌道に乗るのに10年、規模拡大に10年。本当にやりたいことができるには20年かかる

最後は「早く起業すれば、それだけいろいろな可能性が広がる」ということ。

これは私の場合ですが、2000年1月に今の会社を立ち上げてから、ビジネスが「軌道に乗ったな」と実感するまで10年ほどかかりました。つまり、ビジネスモデルが完成するまでに10年。

さらに、介護施設を増やして会社を大きくするのに10年かかって今があります。自分が思い描いている理想に近づいてはきましたが、本当にやりたいことは、実はこれからなのです。

私が今の会社で本当にやりたいことは、一言で言えば「百年企業」になること。そのために、今後は株式上場や、周辺事業および海外での展開、介護ビジネスのコンサルティング業などをしていく所存です。

株式上場は多くの経営者に共通する一つの憧れであり目標です。上場するということは、

パブリックカンパニー（社会の公器）になるということ。利益を上げて、従業員をきちんと養っていける体質の会社であることの証明で、つまりは社会的信用が向上します。融資なども受けやすくなりますから、安定経営が成り立ちやすくなりますし、さらに大きな事業にチャレンジすることも可能になります。

コンサルティングについては、これから介護ビジネスを始めようとする人や、現状の経営で行き詰っている介護事業者などに、私が培ってきたノウハウをお教えしたいと考えています。そうすることで、この国全体の介護サービスの質が向上し、誰もが安心して老後を迎えられる世の中にしていきたいのです。

また、わが社では中国・東南アジアからの技能実習生を受け入れており、彼らが介護職員として成長すれば自国に戻って介護施設を運営するケースも増えてくるのではないかと考えています。そうした際に、コンサルティング事業で支援できれば海外での介護サービスの向上にも貢献できます。

これまで20年経営をやってきて、やっとここまでたどり着きました。これからが私のなかで、理想を追求していく〝本番〟になります。

私は残りの人生も仕事に捧げるつもりでいますが、こうやって考えると、「やりたいことができるまで20年」かかることになります。私の起業は、あのタイミングあの状況だったからこそ成立したと思うので後悔はいっさいありませんが、あと10年若ければもっとさまざまな可能性が広がったのではないかと感じてもいます。

だから、読者の皆さんには、できれば40歳くらいを目標に起業してほしいなと思うのです。

## 若者よ。起業マインドを眠らせるな

ざっと私が早めの起業が良いと考える理由をお話ししました。こうして一つひとつ見ていくと、キャリアの限界や将来のお金の心配、リストラの恐怖など「サラリーマンでいることの不安」がクローズアップされたかたちです。

ただ、「こうなりたくないから脱サラする」という消去法としての起業は、私の本意ではありません。せっかく起業するなら、より積極的な起業マインドで向かってほしいのです。起業そのものは大変ではありますが、経営はとても楽しくやりがいのあることで、一生を捧げるに十分なものです。その魅力を知っているからこそ、ぜひ読者にも体験してもらいたい、と願わずにはいられないのです。

残念なことに、日本の企業社会ではまだまだ会社組織から離れて起業を目指す人物に対し、冷淡な態度をとる風土が色濃く残っています。アメリカのように、若い企業に出資して応援してくれる投資家は日本では少ないですし、公的な補助金なども十分ではありません。

起業意識の国際比較を示したグラフ（左ページ参照）がありますが、日本はダントツで低い水準です。同じ調査で、起業無関心者の割合は、諸外国が2〜3割なのに対して、日本は8割近くに上ります（2019年版 中小企業白書より）。

別の資料で「起業意識が高い国ランキング」を調べた結果では、1位のインドは起業したい人が94%もいるそうです。日本は44カ国中最下位でした。

「起業に夢が持てない」から「起業したいと思わない」のでしょうか……。もしそうだとしたら、起業家の一人としてとても残念です。

### 起業意識の国際比較

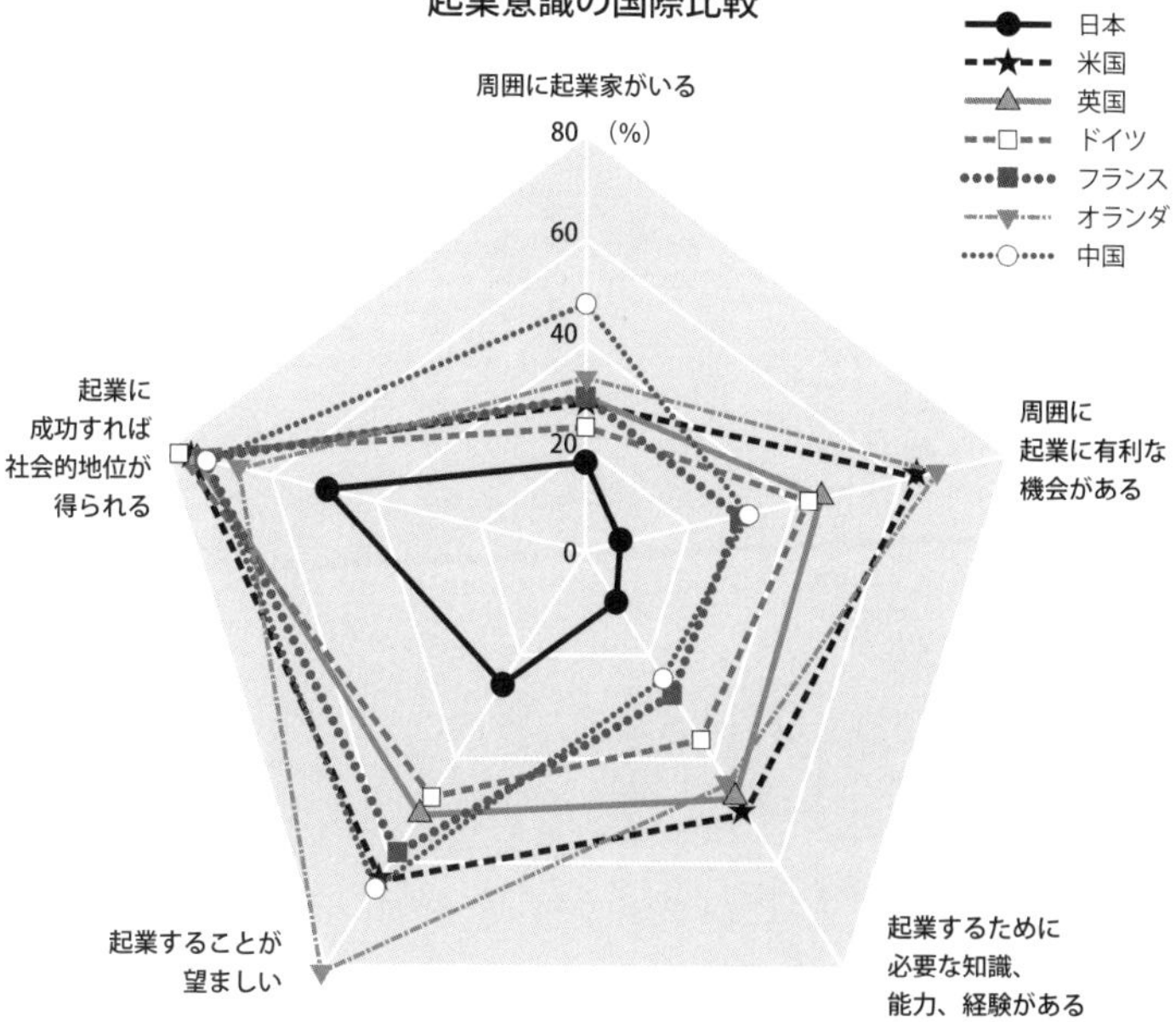


資料：「2017 年版グローバル・アントレプレナーシップ・モニター（Global Entrepreneurship Monitor：GEM）調査」日本チーム再編加工

（注）1. ここでいう「周囲に起業家がいる」項目は、GEM 調査の「起業活動浸透指数」（「過去 2 年間に、新しく事業を始めた人を知っている」と回答した割合）を表示している。

2. ここでいう「周囲に起業に有利な機会がある」項目は、GEM 調査の「事業機会認識指数」（「今後 6 カ月以内に、自分が住む地域に起業に有利なチャンスが訪れる」と回答した割合）を表示している。

3. ここでいう「起業するために必要な知識、能力、経験がある」項目は、GEM 調査の「知識・能力・経験指数」（「新しいビジネスを始めるために必要な知識、能力、経験を持っている」と回答した割合）を表示している。

4. ここでいう「起業することが望ましい」項目は、GEM 調査「職業選択に対する評価」（「あなたの国の多くの人たちは、新しくビジネスを始めることが望ましい職業の選択であると考えている」と回答した割合）を表示している。

5. ここでいう「起業に成功すれば社会的地位が得られる」項目は、GEM 調査「起業家の社会的な地位に対する評価」（「あなたの国では、新しくビジネスを始めて成功した人は高い地位と尊敬を持つようになる」と回答した割合）を表示している。

出典：『2019 年版　中小企業白書』中小企業庁

私は起業して良かったと思っているし、経営を楽しんでいます。自分の腕一本で会社を立ち上げ、成功している前例も日本にだってたくさんあります。

「自分もその仲間入りをするんだ」という心意気で、起業を選択してもらえるとうれしいです。どうせなら、「一部上場を目指す!」とか「業界トップシェアを獲得する!」など、大きな目標を掲げてみませんか?

小さな目標では小さな結果で満足してしまいます。私も介護ショップを立ち上げたとき、「株式上場」「パブリック企業」「時価総額1000億円のユニコーン企業」を目標に設定しました。

読者の皆さんも、どうぞ「夢は大きく」いきましょう!

## 起業に不安はつきもの。だからこそ「身の丈起業」をする

さて、読者のなかには「起業することは決めた。ただ、失敗するのが不安で一歩が踏み出せない」という人も多いかもしれません。

「起業するのが不安だ」という気持ちは、誰だって同じなのでそれを否定する必要はありません。むしろ自信満々で起業するほうが、過信があって危険とさえいえます。
しかし、不安だからと起業を先延ばしにしていては先に進めません。じりじりと時間だけが去っていくのは、非常にもったいないことです。

起業する気はあるのに躊躇している原因としては、主に3つあると思います。
①起業に対する情熱が足りない
②起業するタイミングがつかめない
③起業するための準備が足りない

①情熱が足りない場合は、やはり自分のなかで〝機が熟していない〟のではないでしょうか。37歳で独立を中止したときの私のように。中途半端な起業にならないためにも、熟考して「納得して前に進む」ことが大切です。
②起業のタイミングがつかめない場合は、「いつまでに」という期限や目標を設けるとよいでしょう。「2年以内に200万円を貯めて起業する」とか「40歳の誕生日までに登

記を済ませる」のようにです。「200万円貯まったら起業する」ではなく、「2年以内に」と期限を切るのがポイントです。そうしないと、なかなか本気で貯めないからです。また、「起業」という漠然な目標にするよりも、「登記をする」のように具体的なアクションを設定すると、やるべきことが明確になり実行しやすくなります。

③準備が足りない場合は、今から準備を整えて「身の丈起業」をする方法があります。いきなり大きな目標で起業したり、勢いだけで起業すると失敗しやすいですが、きちんと自分のサイズに合った起業プランでやれば確実性が増します。

私の場合は起業当時から「身の丈起業をしよう」と意識していたわけではありません。起業を念頭においてサラリーマン時代を過ごしていた結果、必要な準備が整って必然的に〝無理のない起業〟が叶いました。ですから、あくまで結果論です。ただ、今になって当時を振り返り、「あのとき知っていれば、もっと不安が少なく起業できた」と思うことが多くあり、ふと「これから起業を考える人のヒントとして役立つのでは?」と思い至った次第です。

次の章からは、私がしてきた「身の丈起業」の具体的な中身を紹介します。業種や業界が違えば事情も違ってくるかとは思いますが、大事な部分はすべてのビジネスに通じるはずです。

読者の皆さんより少し先を生きる者として、経験を語ることで一つでもお役に立てることがあればと思っています。

# 第2章

## 経営学の猛勉強、「勝てる」フィールドの探索、成功者の徹底研究……

## 会社に勤めながら超入念に起業準備

## 絶対に見切り発車はしない。入念な準備が失敗リスクを減らす

起業においてタイミングや勢いは必要ですが、「失敗しない起業」を実現するためには、見切り発車は厳禁です。何の準備もなく道具も持たずに富士登山をするのが危険なように、起業でも準備は大切です。

- どんなビジネスで起業するか
- どんな知識やスキルが必要か／足りない知識やスキルはどうやって補うか
- 資金はどれくらい用意すべきか／自己資金以外はどこから引っ張ってくるか
- 協力者はいるか／どんな味方が必要か
- 法や制度に則っているか（会社法、税法など）
- 経営者としての心得はできているか
- いつ（いつまでに）起業するか

こうしたことを一つずつ丁寧に検討し準備していくことで、ビジネスモデルが具体化し、

リスクを少なく起業することが可能になります。

## 世の中のニーズはどこにあるか。「勝てる」ビジネスモデルを考える

何の業種・業界で起業するかは、最も大事なポイントです。

大きく分けると、「今の会社でやっている仕事の延長で独立する方法」と、「別の業種・業界で起業する方法」があります。後者はさらに「既存の分野に参入する方法」と、「未知の分野を開拓する方法」とがあります。

私の場合は、前章でもお話ししたとおり、もともと鉄鋼業の営業担当で、37歳で独立を考えたときはその仕事の延長でやっていこうと思っていました。しかし、思いとどまり、最終的には47歳でまったく異なる介護業界での起業を選択しました。

今の仕事の延長で独立することのメリットは、自分のなかにすでにノウハウがあることと、取引先などの関係を引き継いで起業できることでしょう。独立企業というのは、言ってみれば「暖簾分け」です。蕎麦職人だった人が一人前になって師匠から独立し、自分の

お店を構えるイメージです。すでに蕎麦打ちの技術は十分で、なじみ客がついているとなれば、独立後もやっていけそうです。もちろんお店の立地や提供する料理の値段、店主の人柄などにもよりますが、基本的には一から起業するより安全といえます。

だからこそ、私も37歳のときに独立を考えたのですが、今になって「止めておいてよかった」と思います。というのも、日本の鉄鋼業がその後、斜陽産業となっています。今は国内の鉄鋼業社はどこも厳しい戦いを強いられているようです。

別の業種・業界で起業する場合は、それこそ準備が不可欠になります。

既存の分野にあとから参入する場合は先行事例があるので、それに倣ったり改良したりといったことができます。競合は多くいますが、競合より優れたビジネスモデルを打ちだせれば、勝ち残っていくことができるでしょう。

ビジネスの世界では、専門外から入ってきた起業家が既存の起業家を追い抜いて、成功をつかむ例がたくさんあります。外野からだからこそ見えることがあったり、既存のルールやしきたりに縛られない自由な発想ができたりするからです。

未知の分野を開拓していく場合は、成功例も失敗例もないので、手探りでビジネスモデルを一から構築していくことになります。

先行資料がないということで初年度の売上がいくらとか、中長期計画がどうとか、そういうシミュレーションがほとんどできません。融資を取り付けようにも、未知数すぎて金融機関も相手にしてくれません。

つまり、実践しながらビジネスモデルをつくっていくことになるのです。他の起業方法に比べて失敗のリスクがありますし、手本がないので手間も覚悟もいります。

その代わり、競合が少なく唯一無二の存在になれる可能性があります。また、成功すればその分野での第一人者やパイオニアになれます。

一から自分で市場開拓していく面白さは、プラモデルを一から組み立てるのと似ているところがあります。大半が出来上がったパーツをはめるだけのキットは簡単ですぐ完成しますが、「あっけない」感は否めません。それに対して、細かな部品を一つひとつ切り離して、接着剤で組み立てて、最後に塗料で色をつける――少しずつ完成に近づくワクワク感や、仕上がったときの達成感は特別です。うまくいかなかった部分もひっくるめて愛着が湧きます。

いずれの方法で起業するにしても、大事なのは「世の中のニーズ」です。どんなに優れたビジネスモデルでも、どんなに先見の明があったとしても、ニーズ（顧客）がなければ商売として成り立ちません。そういう意味で、起業家は「時代を読む力」が必要です。

今は時代の移り変わりが激しく、新しいものが次々に使い古されていきます。今、ブームに乗っていても、ほんの数年、早ければ数カ月で廃れてしまう例も珍しくありません。しかも、ライフスタイルや嗜好の多様化で、かつてのように「大量生産・大量消費」だけでは対応できなくなっています。万人受けを狙うか、市場は小さくでも確実にニーズがあるニッチを狙うかでも、ビジネスモデルは違ってきます。

これから先伸びていく分野でマーケットが大きいところが見つかれば理想的ですが、なかなかそうもいきません。これからの時代なら、ＡＩやシェア（共有）サービス、サブスクリプション（定額）サービスなどが活況になるでしょうか。

ただし、そういう「誰が見てもおいしい狙い目」は、あっという間にみんなが殺到しますから、ほかより先駆けてスタートしてリードを維持することが重要になってきます。

私が社内ベンチャーの企画で不採用になっても、介護ビジネスを諦められなかったのは、それが大きな理由の一つです。２０００年4月の介護保険制度施行に合わせて事業をスタートさせることが、「必勝には欠かせない」と考えたのです。結果として、当時の私の判断は正しかったといえるでしょう。1年でも2年でも起業があとだったら、競合に市場をつかまれていたはずで、参入するのに苦労したのではないかと思います。

## 「好き」だけでは成立しない。経営者には損得勘定が不可欠

自分が興味関心のある分野や、得意とする分野を舞台にして戦うことができれば、それが一番です。しかし、現実には「好き」だけではやっていけないというのが、起業の難しいところです。

自分のやりたい産業が今後、衰退傾向なら新規参入しても苦戦を強いられ、成長していきにくくなるでしょう。どれだけ頑張っても努力が報われないことを続けるのは、大変なことです。

それなら、「やりたい産業」よりも「成長産業」を選んで、それを得意分野にしていったほうが事業としては現実的だと思います。

それを実践して見せたのが、富士フイルムの会長・古森重隆さんです。

古森さんは１９６３年に富士フイルムに入社し、主に営業畑を歩まれました。２０００年に社長に就任されますが、デジタルカメラの台頭により写真フィルム事業が衰退してしまいます。彼のすごいところは、屋台骨である写真フィルム事業に見切りをつけて、２００４年に撤退を断行したところです。その思い切りの良さ、決断のスピード、勝負勘には感服させられます。

さらにすごいのは、これまで培ってきたフィルム技術を応用して、化粧品や医薬品、医療機器、液晶用フィルムなどの他分野に参入し、見事に経営を盛り返したことです。他分野への事業転換とはいっても、まったくのゼロからのスタートではなく、自社の持ち味やリソースをアドバンテージにして戦える分野を新たに見つけ出してきたことが、復活の大きな要因となりました。本業がなくなっても生き残っていける会社は、そう多くはありません。

ちなみに、同じ写真フィルムの会社・コダックは事業転換がうまくいかず、倒産してしまいました。

冷静に戦況を判断し、危険と分かれば潔く撤退して、より安全な道を選ぶというのもまた経営では大事な能力なのです。

「好き」だけを優先するあまり、採算度外視で突き進んでしまうのも問題です。会社をやっていくにはお金が必要で、損得勘定なしにやりたいことだけやっていくことはできないのです。

優れた経営者というのは、頭のなかに性能のいいコンピューターを持っていて、目の前の条件を見ただけでパパッと金勘定ができてしまうものです。

例えば、先日もあるテレビ番組で観たのですが、東京都内を中心に店舗展開している人気の立ち食い蕎麦屋「名代　富士そば」の創業者、丹　道夫さんは、流行らない飲食店に行って少し食べて飲んだだけで、その店が繁盛しない理由をいくつも見抜いていました。

そして、具体的に「ここをこのように改善すれば、客一人あたりの単価がいくら上がって、店が黒字化する」とか「最寄り駅の平日利用客数からして、この店の立地と広さだと賃料が高過ぎる。適正価格まで大家と交渉すべき」のような数字でのアドバイスをしていました。

私はすべての経営者は経営学を知っておくべきだというのが持論です。決算書が読めなくても会社はつくれますし、事業も行えます。しかし、会社を維持させ成長させるには、決算書が読めないのは致命的です。

決算書が読めないというのは、そこに書いてある数字の〝本当の意味〟や〝背景〟が分からないということです。

数字の読めない経営者によくある失敗例として、仕事に使う機材や車などの減価償却や、レンタル代、リース代など「目に見えない経費や固定資産」を見落としがち、というのがあります。

減価償却は、使用して価値が減った分を経費にするもの。レンタル代は、使い続ける限り月々いくらなど定期的にかかってくる経費。リース代は、要は分割払いです。これらは目に見えるかたちでの支出のない経費なので、自分の財布から出入りするお金だけを見ていると、つい忘れてしまいがちです。そうすると、自分が使ったと思っているコストと、実際のコストが違ってくることがあります。小さなズレでも積み重なると大きくなりますから、決算書を見たときに「あれ、儲かっているはずが赤字だ……！」ということになりかねません。

ほかにも、数字に無頓着でいることで引き起こされる悲劇はたくさんあります。

これは人から聞いた話ですが、ある社長が採用面接のとき、応募者から待遇面を確認され、「給料は月20万円」などと、その場で気安く約束してしまったそうです。それを経理担当者があとになって報告を受け、びっくりしたというのです。手取りで20万円払うとすると、会社はその社員に24~25万円を支払うことになります。社会保険料や所得税、住民税などがあるからです。

社長はプライドが高い人だったので、今さら自分が言ってしまったことを取り消すのは格好が悪いと社員への説明を拒否し、経理担当者に押し付けてきたとか。思っていたより手取りが減った社員もかわいそうですが、尻拭いをさせられた経理担当者も気の毒です。

こんなふうに、「だいたいこんなもんだろう」という肌感覚で経営をやってしまうと、大きな落とし穴が待っているかもしれません。

そういうリスクを見聞きして知っていた私は、そのリスクを減らすために、夜間学校に通って勉強しました。日中は営業で取引先を回り、帰社して報告書作成や書類整理などをして、夕方から夜まで座学をするというのは体力的にはハードでしたが、精神面は充実していました。新しいことを知る喜びや、あいまいにしてきたことが腑に落ちるスッキリ感、自分で課題を設けて解決する楽しさなどがありました。

読者のなかにまだ経営学を身につけていない人がいたら、ぜひ勉強することをお勧めします。夜間大学でなくても、独学で勉強したり、通信教育を受けるという方法などもあります。経営学が身についていて得をすることはたくさんありますが、損をすることは絶対にありません。

## 多く読み、他を観察して、失敗と成功の法則をつかむ

私がサラリーマン時代にやったもう一つの勉強は、「他から学ぶ」ことです。

いちばん手っ取り早くできるのは、自分の周囲にいる経営者を観察することです。今いる会社や取引先の社長さんのやり方を見たり、同僚や先輩で起業した人がいれば詳しく話を聞いたりするとよいでしょう。

私の場合は、先にもお話ししたように、取引先から独立起業する人たちのそばで起業を

見てきました。起業後に成功する人と失敗する人の違いを観察しているうちに、それぞれに共通点があることに気づきました。

例えば、失敗する人の多くは「自分に甘く、人に厳しい」傾向があります。事業がうまくいかないのは自分のせいではなく、相手が悪い、運が悪い、時流が悪い、だから仕方がない、というふうに自分に都合の良い〝言い訳〟や〝逃げ道〟を用意してしまいがちです。

それに対して、成功する人は、人に厳しくする以上に自分に厳しいものです。部下が育たないのは部下のせいではなく、自分の指導力や人間性が足りないから、というように自省ができます。

また、人の気持ちを洞察する力があり、困っている人や弱っている人にいち早く気づいて、「大丈夫？」「何か力になれることはありますか」などの声を掛けることができます。また、社員の考えを先に見通して、離反の兆候やチームワークをかき乱す社員を事前に取り除くこともできます。

そういう人は人間関係がうまくいくだけでなく、職場のストレスで社員が辞める、顧客の不満が爆発してクレーマーになるなどのトラブルも回避しやすくなります。

即断即決でものごとを進める、レスポンスが早くて相手を待たせない、仕事を溜めずにその場その場で片づけるなど、仕事のスピードが速いのも成功する経営者に特徴的な共通点です。即断即決には決断力が大事ですが、大局観も必要です。ものごとを細部で観つつ、同時に俯瞰でも観るという〝特別な視力〟が、優れた経営者にはあるのです。

人のやり方を学ぶ方法としては、読書も有益です。私は学生時代から、業績を残した経営者が書いた本はできるだけ読むようにしていました。特に自分で一から事業を立ち上げた「創業者」からは学ぶことが多くありました。経済新聞を毎朝読むことと、日々の読書は今も習慣の一つになっています。

松下電器（現パナソニック）の松下幸之助さんや、自動車のホンダを創った本田宗一郎さんなどの著書からは、経営者としての考え方や姿勢を教わりました。

彼らが会社を世界に通用するブランドにできたのは、高度経済成長期の良い時代だったからだけではなく、やはりその経営手腕にあると思います。同じように高度経済成長期に創業して、今はもうない会社はたくさんありますから。

最も感銘を受けたのは、うまくいかないときの「プラス思考」や、今の自分があるのは周りのおかげという「感謝の心」、従業員の幸福を第一に考える「福利厚生」、社会やお世話になった人々に恩返しをしたいという「社会貢献の精神」です。

現代の経営者では、著作物が多くあるのでベストセラーとなっているものを意識して読むようにしています。例えば、76〜77ページに挙げた一覧が心に残っています。

そのなかでも特に若い世代の人たちに推薦するとしたら、次の4冊を挙げます。お勧めのポイントを簡単に紹介しておきます。

## ●稲盛和夫『アメーバ経営』

京セラ名誉会長の稲盛さんが実体験から生み出した、独自の経営手法「アメーバ経営」について書かれています。

京セラは1959年の創業以来、一度も赤字を出していません。その秘訣がアメーバ経営にあるといいます。稲盛さんは「会社経営は経営や幹部だけがやるのではなく、全社員が関わって成り立つもの」という考えから、会社組織を小さなチームに分けて、各チームのリーダーにチーム経営をさせることを徹底しました。一つひとつの小さなチームのことを「アメーバ」と名付けています。

すべての社員が経営意識を持つことで、仕事に対する責任感を育んだり、今より会社を良くするために考えたり行動したりする能動性を育てるなどの効果があります。

この本を読んで、「小さなプロジェクトの一つひとつで利益をしっかり上げていく」ことの重要性を特に学びました。私は現在43の介護施設を運営しています。会社全体で黒字だからOKではなく、一つひとつの施設できちんと効率化を図り、継続的に黒字を実現していくことで盤石な会社になり得るのです。

### ●柳井正『一勝九敗』『成功は一日で捨て去れ』

ユニクロの柳井さんの著作やインタビューは全部読んでいます。彼の生き方や経営者としての考え方には共感する部分が多く、インタビューなどを読んでいてもお話がたいへん分かりやすく説明が具体的かつ実用的で納得感があります。

たくさん本を書かれていますが、なかでもこの2冊では、ユニクロが世界一の企業を目指して変革してきた過程が赤裸々に語られています。『一勝九敗』は1984～2003年まで、『成功は一日で捨て去れ』は2004～2009年までの軌跡を追っていますが、大企業に阻まれたり、人材育成に悩んだり、海外展開で苦戦したりなど波乱万丈で、ドラマとしてもドキュメンタリーとしても読み応えがあります。

この本を通して、世界一の企業になることの厳しさを知るとともに、私も介護業界でトップを目指したいと思うようになりました。

●永守重信『情熱・熱意・執念の経営』

永守さんは精密小型モータで世界トップシェアを誇る日本電産の創業者です。彼はM&Aを次々に成功させることで、会社を強く大きくしてきました。

彼の積極的に攻める経営には大いに刺激を受けます。本書は彼の語録を集大成したもので、「諦めない」「一番以外はビリと同じ」「すぐやる！　必ずやる！　できるまでやる！」など力強い言葉が並んでいます。ポイントは単に言葉を並べるだけでなく、彼自身がそれを体現し、生き様として見せていること。

文章からも気骨やエネルギーが溢れてきて、「自分も頑張ろう」と思えてきます。一つひとつの言葉に対する理由や説明が短くまとめられていて、少しの時間でも読めます。ハンドブックとして手元に置いて、元気が欲しいときに読むのも良いかもしれません。

ちなみに、経営者には経営の知識が必要だと先に述べましたが、この本でも「技術者に必要なコスト教育」「数字オンチが会社をつぶす」などの項目があります。

これから起業する人にお勧めの本

- 城山三郎『打たれ強く生きる』『粗にして野だが卑ではない　石田禮助の生涯』
- 安岡正篤『運命を創る』『活眼活学』
- D・カーネギー『人を動かす』
- ジム・コリンズ『ビジョナリーカンパニー2』『ビジョナリーカンパニー　弾み車の法則』
- 稲盛和夫『稲盛和夫の実学』『生き方』『アメーバ経営』
- スティーブン・R・コヴィー『7つの習慣』
- 坂根正弘『ダントツ経営』
- 柳井正『一勝九敗』『成功は一日で捨て去れ』
- 堺屋太一『組織の盛衰』
- 守屋洋『中国古典の人間学』
- 丹羽宇一郎『人は仕事で磨かれる』『仕事と心の流儀』『社長って何だ！』
- 小倉昌男『小倉昌男 経営学』

- 石橋信夫『不撓不屈の日々』
- サムエル・ウルマン『「青春」という名の詩』
- 金川千尋『危機にこそ、経営者は戦わなければならない!』
- P・F・ドラッカー『プロフェッショナルの原点』
- 永守重信『「人を動かす人」になれ!』『情熱・熱意・執念の経営』
- 三木谷浩史『成功の法則92ヶ条』
- 竹中平蔵『竹中式イノベーション仕事術』
- 酒巻 久『見抜く力』

## 事業展開の舞台をどこにおくか。原則はニーズの見込める都市部が有利

最初の事業展開をどこで行うかは、私も悩みました。社内の新規事業計画として立案したときは東京と大阪の都心で介護ショップを開くことになっていましたが、実際に自己資金でやるとなると、都心はテナントの賃料だけでも結構な費用になります。また、マーケットの大きいところを狙って、競合が殺到するだろうとも考えました。

それなら、もう少し郊外に離れてもよいかもしれないと思っていたとき、鉄鋼関係の知り合いが「うちの親戚が千葉の大網白里町で物件貸しをやっていて、テナントが一つ空いている。よければ借りないか」と声を掛けてくれました。

大網白里町は県中央部の山武地域に位置し、市制施行前は県内で最も人口が多く、住民登録人口は約5万人です。2013年1月1日からは「大網白里市」になっています。

本来なら市場調査をしてから出店を決めるものですが、私はその話を受けて即断しました。人口規模はそれなりで賃料も良心的。ついでに言うと、当時ゴルフに熱中していた私

が足繁く通っていたゴルフ場が大網白里町の近くにあったので、その一帯にはある程度の土地勘や親しみがありました。

介護保険制度スタート前で、みんなが「よーいドン」での出店です。どこでやっても介護ショップはほぼ初出店になるはずで、それなら今後も競合が参入して来にくい郊外のほうが、都心よりむしろ有利に違いないと判断しました。

ただし、セオリー的にはやはり人口の多い都市部での事業展開が基本にはなるでしょう。

その後、私は介護ショップから事業の幅を拡げ、現在はサービス付き高齢者向け住宅（サ高住）や有料老人ホームなどの入居施設も展開していますが、それらの施設はきちんと市場調査をして最適な都市部を選んでいます。首都圏でいえば、人の流れが多く利便性が高い、環状七号線～国道16号線の間を意識的に選びます。入居者はもちろん、入居者に会いに来る家族にとっても、通勤する介護スタッフたちにとっても、アクセスしやすい場所が好まれます。

アパート経営や飲食店などの場合は特に立地が重要になってくると思います。

## 資本金は会社の信用力に影響する。最低でも半年～1年の運転資金の目途を立てる

さて、開業では資金が必要になります。会社の資本金をいくらにするかは、事業形態や会社の規模、それぞれの懐具合などによるので一概に「いくらにすべき」とは決められませんが、1円起業はあまりお勧めしません。

資本金というのは「会社の信用力」を測る一つの指標になります。

株式会社を設立するとき、株式を発行して集めたお金が、資本金です。つまり、資本金が多いほど、その会社は資金的な体力があるという判断になります。1円起業だと運転資金が1円しかないことになり、すぐに資金ショートを起こす確率が高いということ。そういう会社に融資をしたい金融機関や、一緒に仕事をしたい取引先は少ないでしょう。

それに、1円だと誰でも気軽に起業できてしまいます。資本金1000万円で起業するのと、1円で起業するのとでは、「本気度」や「気合の入り方」が違うでしょう。

私の場合は、資本金1000万円からスタートしました。ちなみに、今は資本準備金を含めると3億1500万円になっています。

当初、資本金を集めるにあたっては、サラリーマン時代に貯めたお金と退職金の4分の1を合わせて800万円を用立てました。残りの200万円は、知人2人から100万円ずつ出資をしてもらいました。

社内ベンチャーとしての企画段階では投資額1億円でしたから、10分の1の規模に縮小してのスタートになったわけです。

自分の出資額を800万円としたのは、当時の手持ちのお金の4分の1がそのくらいだったからです。自宅を買わなくてはなりませんでしたし、もし事業がうまくいかなかった場合に貯蓄を切り崩すことになるので、3分の2は残すことにしました。

借金して起業する方法もありますが、返せる保証はなくリスクが高いので選択しませんでした。

私は今になって思うのですが、社内ベンチャーとして介護ビジネスを始めていたら、きっと甘えが出てうまくいかなかったでしょう。会社（他人）のお金で事業をするのと、自分で集めたお金で事業するのとでは、「お金に対するありがたみ」や「執着心」がどうしても違ってきます。

よく「二代目が会社を潰す」といわれますが、それもお金の苦労を知らないことが一つの原因としてあるように思います。最初から会社があって、従業員がいて、仕事があって……とお膳立てされていたら、私もそれを当たり前のように感じてしまって、大切に使えないかもしれません。

## 起業後しばらくは「収入源がゼロ」が前提。助走期間を設けて徐々に起業にシフトする

起業してすぐは仕事がゼロだったり、あっても少ないものです。その一方で、私の場合はテナント代や営業に回るためのガソリン代、介護用品の仕入代などにお金がかかりました。介護ベッドは1台20万円、車椅子は1台5万円くらいするものが多く、当初は仕入れも結構な負担になりました。計算上、資本金１０００万円は「あっという間」に消えてな

くなるところでした。

資本金がなくなれば会社は遠からず潰れてしまいます。そうならないために、少なくとも起業前に半年から1年分くらいは持ち堪えられるだけの資金的余裕を蓄えておきましょう。

私がラッキーだったのは、起業後に介護ショップと並行して副業ができたことです。商社にいたときの取引先に卸売業の社長さんがいて、私が「今度、千葉で開業する」と言うと、「ちょうど関東支店をつくりたいと思っていた。その支社長をやってくれないか」と依頼を受けたのです。私は「あくまで介護ショップがメインになりますが、それでも良ければ」とありがたくお話を受けました。支店長としての給与が多いときで月に40～50万円ほどあったので、リスクヘッジができました。

あなたの会社が副業を認めてくれる会社であれば、サラリーマンをやりながら起業もして徐々に体制を整えていき、すべてが準備できたタイミングで退職するというやり方もできるのではないでしょうか。

## 人脈はビジネスにおける資産。円満退社を目指す

起業後に味方になってくれる協力者を見つけておくことも、安心材料の一つです。ビジネスでは「人は資産」とよく言いますが、実際に私も人の縁で助けられてきた場面がたくさんあります。

例えば、大網白里町でテナントを貸してくれた大家さん、私の起業を応援して出資してくれた知人たち、あとの章で詳しくお話ししますが起業当初、副業先としてお世話になった卸売業の社長さん、介護ショップを開くにあたってお手本とした大阪西川の部長さん、そして、リスクを伴う起業に文句も言わずついてきてくれた家族……など。

営業を開始してからも、特別養護老人ホームを経営するIさんが最初の取引先となり、入居者家族やほかの販売先を紹介してくれました。Iさんはのちに、わが社の株主になってくれています。大手ドラッグストアの常務のYさんは、営業2日目に突然、うちの店に来られて以来のお付き合いで、業界の状況や介護施設の運営など幅広い勉強をさせても

らっています。
こうした人たちの支えがなければ、今の私はありません。

私がサラリーマン時代にやってきた営業の仕事は、「人と縁をつなぐ」仕事です。まず自分から多くを差し出し、相手の利益のために動くことを大切にしてきました。その結果として相手と信頼関係を結ぶことができ、「池さんのためなら」と手を貸してくれる人が出てきました。何でもお金で買える世の中ですが、人の縁はお金では買えないものの一つだと思います。利害関係で付いてくる人もいますが、そういう希薄な縁はそのうち切れてしまうものです。

起業前にできることとしては、「日頃から人の縁を大切にすること」でしょう。会社の同僚や上司、取引先、学校の同窓生、趣味の仲間など自分の周りにいる人たちを、自分自身と同じように大切にすることを私は心掛けてきました。

今でも学生時代や前にいた会社の同窓会に呼ばれて出席しますが、そうした場での情報交換も大いに参考になります。

いったん起業して事業が走り出してしまうと、目の前のことで精一杯になってしまいがちで、人と出会ってもなかなか深い付き合いに発展しないことがあります。だから、起業前から丁寧に縁を結び、いざというとき助け合える関係を築いておくとよいでしょう。そうするなかで、起業後にも付き合っていける取引先候補を見つけることもできてくるはずです。

私の例でいえば、大阪西川の部長さんには起業にあたって前もって相談をし、協力を仰ぎました。「今度、介護事業で起業することにしました」と私が言うと、部長さんは快く、「それなら、介護ベッドや車椅子、ポータブルトイレなどの仕入先として、うちと取引をすればいい」と言ってくれました。実際に良い品を安価に仕入れることができ、お金のなかった開業当時は本当に助かったものです。

今やっている事業の延長で独立する場合は、特に会社関係、取引先関係の人たちが力になってくれることが多いので、最大限の「円満退社」を目指してほしいと思います。

## すべてを自分でやる必要はない。足りない知識・スキルは迷わず専門家の力を借りる

株式会社を創業するには登記が必要です。会社の定款や約款、取引や業務提携に関わる契約書なども作らなくてはなりません。書類に抜け漏れやミスがあると、後々になって大きな問題に発展することもありますから、万に一つの間違いもないようにしたいものです。こうした法律関係の書類作成や手続きなどは、法律家に任せるのがベストです。

今は法律のテキストもたくさん売っていますから、自分で登記をしたり契約書を作ったりなどの指南書で勉強することもやろうと思えばできますが、それに時間をかけるなら本業に注いだほうが賢いと思います。餅は餅屋という言葉があるように、お金で解決できるものは出費を惜しまないほうが無難。なぜなら、自分でバタバタして申請しても、ミスがあってやり直しになったり無効になったりしたら、結局そのリカバリーにかかる金銭的、精神的なコストのほうが大きくなって打撃を受けるからです。

また、会社をやっていくには決算書や確定申告が不可欠です。日々の帳簿つけなどは自分でも経理担当者がいればその人でもいいですが、決算書や確定申告は税理士にぜひとも任せましょう。

できれば最初から顧問税理士がいると安心です。

顧問税理士がいることのメリットは、法人税や消費税の無申告や遅延が予防できます。また、正しい節税法を知っているので、不要な税金を納めることがなくなります。税務調査が入ったときにも対応してもらえて安心です。ちなみに、税額を少なく申告してしまうと、修正申告をしなくてはなりません。それが悪質だと税務署に判断されると、追徴課税のペナルティーが科されます。単に追徴分を支払って終わりならまだいいですが、怖いのは会社が信用を失うことです。その後は融資も受けにくくなりますし、取引先も離れていってしまうかもしれません。

今は税理士も需要過多で、確定申告だけ単発で請け負うケースも増えているようですが、その場限りの場合、その会社の「流れ」が十分に把握できないので、もし確定申告書にミスがあっても気づいてもらいにくくなります。

顧問税理士なら、いつもは経費が500万円程度なのに、今年だけ1000万円もあるとなると、「おや?」と引っかかって「どこかで計算ミスがあったのではないか」「無駄な経費があったのではないか」などを遡って調べることができます。

企業経営をよく分かっている税理士であれば、経営についての助言や客観的意見、その会社に合った節税の方法などを教えてもらうことも可能でしょう。

ただし、すべてを税理士任せでは経営は成り立ちません。税務上の業務はしっかり税理士に任せ、損益計算書や貸借対照表、キャッシュフローは経営者が把握することが大事です。

いくら利益を出しているか、資金繰りに無理はないか、キャッシュフローがどのくらいあるかなどの〝リアルタイムの数字の動き〟が頭に入っていないと、瞬間瞬間で正しい判断はできないのです。

## ビジネスモデルに合うヒト・モノ・カネがそろったら、あとは覚悟とタイミング

ざっとここまで私がサラリーマン時代にやった起業準備の内容を紹介しました。私の場

合はこれでおおむね、起業に必要なヒト・モノ・カネの条件がそろいました。

ヒトとは「会社の戦力として働く人」や「取引先・業務提携などの仕事相手」「資金面そのほかでバックアップをしてくれる協力者」「お金を払って雇う法務や税務の専門家」です。

戦力として実務をする人員については、私と妻の二人です。私は営業に出なければならないため、妻には介護ショップでの店番や接客、事務などを手伝ってもらうことにしました。

モノは事業に必要な店舗や車、商品、仕事用のパソコンや携帯電話、そのほかの備品などです。車は自家用車があったので仕事と兼用で使いました。パソコンや携帯電話は仕事用に新しく購入しました。当時はパソコンにしても携帯電話にしても本体、通信料ともに値が張りました。

私は起業前は大阪に勤務していたので、千葉で開業するにあたって自宅が必要になりました。これは退職金の半分を使って、お気に入りのゴルフコースのそばに手頃な中古物件が売りに出されているのを見つけて買いました。

テナントにしても自宅にしても、ちょうど良いタイミングで希望に近いモノが手に入ったというのは、今考えても不思議な気持ちがします。前に進むときというのは、すべてのパズルのピースがピタッとはまるというのか、何か特別な力に引き寄せられるというのか、とにかく自分の意志以外のものが働くような気がします。

カネは「資本金」と「当面の運転資金の調達先」です。資本金を目標額まで集めて完了ではありません。起業後しばらくは資本金を取り崩していくことになるのが分かっていたので、副業が決まっていたのは安心でした。

この時点で「起業前にできることはした」という思いが私にはありました。それ以上のことは心配しても仕方がありません。

あとは、会社を辞める覚悟とタイミングだけです。会社を辞めるタイミングについては、できるだけ今やっている会社の仕事の迷惑にならないタイミングを選ぶべきでしょう。事前に上司にも相談し、早めに仕事の引継ぎをしておきます。「あれをやり残した」「あの仕事は大丈夫かな?」など、退職後に引っ掛かることがあると起業に集中できません。

また、私のように「介護保険制度の施行に合わせて事業を始めないと意味がない」という場合もあります。私が企画でボツを食らったのが1999年の7月で、ほぼ同時に退職を決意しました。その後、9月11日に会社を退職し、この会社を設立したのが2000年1月4日ですので、実質的な起業準備は半年ということになります。

退職の意志を会社に申し出てから退職する日までの約2カ月間で、私は福祉用具専門相談員の資格を取得しました。

たった半年でも介護保険制度の施行（2000年4月1日）に間に合ったのは、予《かね》てから起業を意識して勉強しておいたことと、さまざまな人縁がちょうど良いタイミングでつながったことが大きかったと思います。まさに、自分のなかで機が熟した感があり、「〝今〟以外にいつがある」というタイミングでした。

## 不安はゼロにはできない。期限を定めて決行する

どれだけ万全に準備をしても、失敗するリスクは完全にゼロにはなりません。事業には必ず不測の事態がつきもので、それをゼロにはできないからです。取引先が倒産するかもしれないし、業界の制度やルールが変わるかもしれません。あるいは、思ってもみない技

術が開発されて、世の中の概念がひっくり返ることだってあるかもしれません。ですから、準備ができているのなら、どこかで思い切るべきです。

「40歳の誕生日までに起業する」とか「2年以内に起業する」とかのように、自分で期限を設けるのもよいのではないでしょうか。そこから逆算して計画を立てて実行すれば、リスクを減らした「身の丈起業」が成り立つはずです。

周囲に「辞めます宣言」をしておくのも前に進む力になりそうです。

おそらく、自分のなかでビジネスモデルができていれば夢が広がるはずなので、「早く起業したい！」「これで自分の会社がつくれる」というパッションが湧いて、自分自身を突き動かすに違いありません。

私が起業するときも、不安よりもパッションが勝って、あまり「失敗したらどうしよう」とか「これでダメだったら家族に迷惑をかける」などのマイナス思考にはなりませんでした。前向きな気持ちでスタートを切ったことが、推進力になったのだと思います。

# 第3章

## スタートアップでこけないために
## 「事業の収入内でしか支出をしない」を徹底

## 手持ちの資金が尽きれば倒産は近い。現預金をゼロにしない経営を徹底する

身の丈起業でいちばんのポイントになるのが、お金の使い方です。現時点での手持ちのお金や稼ぎを考えて、それを超えない範囲での運用を鉄則にします。

なぜ、身の丈を超えてはいけないかというと、それは簡単な話で、経営的に破綻しやすくなるからです。

株式会社というのは「利益を追求すること」を目的に存在します。つまり、利益を上げられなければ存続はできないのです。

利益というのは、シンプルに言えば「収入から支出を差し引いた残り額」です。売上が多くても、コストが多ければ利益は少なくなります。売上よりコストが多くなると赤字です。

家計でも稼いできたお金より使ったお金のほうが多ければ家計が破綻するのと、基本的には同じことです。収入の範囲内で支出をすれば手元にお金が残って、次の月の生活費に

あてたり貯蓄したりできます。そのように、「収入の範囲内で買い物をする」が常にできている人はたくさんいるでしょう。しかしながら、これが「会社のお金」になると感覚が変わるため、徹底できない経営者がいます。

会社のお金になると感覚が変わってしまうワケは、1つめは金額が大きくなることでしょう。

例えば、ドリンクを買うとして、スーパーとコンビニ、自販機、ディスカウントストアでは、それぞれで値段が違います。多くの人はできるだけ安い値段で買いたいと思うはずで、そういう小さな金額には敏感に反応できるものです。

ところが、これが不動産を買うとか、車を買うとか、高級ブランド品を買うとかになると、比較検討がちょっと難しく感じるのではないでしょうか。大きな買い物をするときほど気分が高揚するので、つい気が大きくなって予算以上の高い買い物をしてしまう……というケースは散見されます。

会社経営では千万単位や億単位でお金が動きますから、さらに感覚がマヒしがちです。

2つめは、実際のお金の出入りが目に見えにくいことです。

日々の買い物では「自分で財布からお金を出してお釣りをもらう」「お金と交換で品物が手に入る」というように、自分の目で直接お金やモノを確認できます。それに対して、会社のお金は銀行口座でやりとりしたり、手形でやりとりしたりが多いため、目に見えにくいのです。

また、モノの取引と支払いにタイムラグが生じることも、お金の動きを分かりにくくします。1000万円の取引が成立したからといって、すぐに口座に1000万円が振り込まれるわけではなく、何カ月か遅れてお金が入ってきます。

今月は大きな契約が取れたからと大きな買い物をしたものの、まだ口座にお金が振り込まれていなくて資金ショートを起こす……といった例を、私も営業職時代に取引先でたくさん見てきました。


3つめは、勘定科目が多くて複雑なことがあります。100～101ページに一覧があるので参考にしてもらうとよいですが、ざっとこれだけあります。何にいくら使ったかを、誰に何を売ったかを把握するのは慣れないと難しいでしょう。

自分一人でやっている会社なら、自分が使った分や売上げた分は大まかにでも把握できますが、従業員がいる場合、従業員が使った分や売上げた分まではさすがに把握しきれません。しかも、その収支報告が月末にまとめてだったりすると、「あれ、今月こんなに使っていたのか……」とビックリすることが出てくるのです。

## 「収入の範囲内でしか支出しない」を徹底して、20年間資金ショートなし

こうした感覚のズレは、経営学を学ぶことである程度は修正できます。また、実際に会社のお金を動かすようになると、普通は感覚が磨かれていきます。

ただし、事業はノンストップで動いていきますから、動き出してから感覚を修正したり磨いたりしていては遅いのです。私がサラリーマン時代に夜間大学に通って経営学を身につけたのは、そのためです。

経理に自信がないという人は、せめて財務諸表の数字の読み取り方と、キャッシュフローの考え方くらいは頭に入れておきましょう。簿記でいえば3級程度の知識や計算能力

## 主要勘定科目一覧

| 【収入】 | |
|---|---|
| 1. 売上 | 商品や製品の販売代金や、サービスの提供代金をいいます。 |
| 2. 雑収入 | 空瓶や作業くずなどの売却代金や仕入割引、リベートなどをいいます。 |
| 3. 自家消費 | 家庭用に消費した商品や贈与した商品の金額をいいます。 |

| 【資産】 | |
|---|---|
| 1. 現金 | 事業用の現金をいいますが、次のような金銭と同一の性質を有するものも含めます。（a）他人振出の小切手、（b）公社債の満期利札、（c）郵便為替証書など |
| 2. 当座預金 | 事業用の当座預金をいいます。 |
| 3. 定期預金 | 事業用の定期預金をいいます。 |
| 4. その他の預金 | 事業用の普通預金、通知預金、外貨預金、郵便局の通常貯金、定額貯金などをいいます。 |
| 5. 受取手形 | 得意先への売上に基づいて発生した手形債権をいいます。 |
| 6. 売掛金 | 得意先への売上に基づいて発生した営業上の未収入金をいいます。 |
| 7. 有価証券 | 事業に関連して取得した公社債、株式などをいいます。 |
| 8. 棚卸資産 | 商品や製品、原材料などの期末残高のほか、消耗品費から減算した未使用の消耗品をいいます。 |
| 9. 前払金 | 商品や原材料などを購入する場合に、現物の引取りより前に支払った金額や翌年分以降に経費とされる前払保険料、前払家賃などをいいます。 |
| 10. 貸付金 | 事業用の資金を他人に貸し付けた場合の債権をいいます。 |
| 11. 建物 | 店舗、工場、倉庫などの事業用の建物をいいます。 |
| 12. 建物附属設備 | 建物に付属する電気設備、冷暖房設備、給排水設備、内装設備等をいいます。 |
| 13. 機械装置 | 製造設備など、事業用の機械及び装置をいいます。 |
| 14. 車両運搬具 | 営業用車両やトラック、フォークリフトなどの車両及び運搬具をいいます。 |
| 15. 工具器具備品 | 事業用の工具（測定工具等）、器具（看板など）及び備品（応接セットなど）をいいます。 |
| 16. 土地 | 事業に関連して使用される土地（店舗や工場の敷地、来客用駐車場など）をいいます。 |
| 17. 事業主費 | 事業用の現金などから家計に渡した生活費や家事関連費のうち、家事分として必要経費から除外した金額などをいいます。 |

出典：「主要勘定科目一覧」小値賀町商工会

| 【仕入・経費】 | |
|---|---|
| 1. 仕入 | 商品や原材料の購入代金をいいます。 |
| 2. 租税公課 | イ．租税とは、事業税、事業用資産にかかる固定資産税・自動車税・不動産取得税・自動車取得税・自動車重量税、事業の遂行上発生した酒税・印紙税・揮発油税・納付消費税などをいいます。<br>ロ．公課とは、事業遂行上の商工会の会費や納税協会、青色申告会の会費などのように法令や定款の規定により賦課されるものをいいます。<br>（注）所得税、府県市町村民税、相続税、贈与税、各種加算税・加算金・延滞税・延滞金・罰金、科料、過料のような租税公課は、所得計算上必要経費になりません。 |
| 3. 荷造運賃 | 商品などの発送のために要した包装材料や運賃などで自分が負担するものをいいます。（仕入れや資産の購入に要した引取運賃は、仕入金額や取得価額になります。） |
| 4. 水道光熱費 | 事業用に使用した水道料、電気料、ガス料などをいいます。 |
| 5. 旅費交通費 | 仕入や販売のために要した交通費、宿泊費などをいいます。 |
| 6. 通信費 | 事業用のハガキ代、切手代、電報料、電話料、FAX代などをいいます。 |
| 7. 広告宣伝費 | 新聞雑誌の広告料、折込広告に要した印刷代及び折込料、カレンダー・マッチ作成費、大売出の際の福引費用などをいいます。 |
| 8. 接待交際費 | 事業用の茶菓子代、飲食費及び贈答費用などをいいます。 |
| 9. 損害保険料 | 棚卸資産や事業用資産に対する掛け捨ての火災保険料、事業用の車両の損害保険料などをいいます。 |
| 10. 修繕費 | 事業用の建物や機械器具などを修理した場合の維持補修費用をいいます。 |
| 11. 消耗品費 | 帳簿等の事務用品の費用や包装紙、テープ、事業用の車両用ガソリンなどの費用、器具備品のうち、使用可能期間が１年未満のものや取得価額が１０万円未満の少額なものをいいます。 |
| 12. 福利厚生費 | 従業員の慰安会費、医療費、健康保険、厚生年金保険、雇用保険、中小企業退職金共済事業団等に対する退職共済掛金など事業主が負担する費用をいいます。 |
| 13. 給与賃金 | 従業員に対する給料、賞与及び現物支給した費用をいいます。 |
| 14. 利子割引料 | 事業用の借入金の支払利子や受取手形の割引料をいいます。 |
| 15. 地代家賃 | 店舗、工場、倉庫などの敷地の地代や建物の借用料をいいます。 |
| 16. 貸倒金 | 売掛金などについて、回収不能になったものをいいます。 |
| 17. 外注工費 | 原材料などを支給して加工などさせた場合に支払う工賃などをいいます。 |
| 18. 研修費 | 事業用に必要な講習などを受けるために支払う受講料、テキスト代などをいいます。 |
| 19. 専従者給与 | 青色専従者に支払った給与をいいます。 |
| 20. 減価償却費 | 建物や車両などの償却資産について所定の方法によって計算された償却費をいいます。所得金額１０万円以上。 |
| 21. 雑費 | 以上の費用のほか、事業に必要な経費をいいます。 |

は不可欠です。

私は創業以来20年になりますが、「収入の範囲内で支出する」、もっと言えば、経営が安定してからは「フリーキャッシュフローのなかでしか投資はしない」を徹底してきた結果、一度も資金ショートを起こしたことはありません。それは一つ、私の自慢です。

フリーキャッシュというのは、営業キャッシュフロー（営業活動によって得たキャッシュフロー）から投資キャッシュフロー（今の事業を維持するのに必要なキャッシュフロー）を差し引いたもの。簡単に言えば、余剰金のようなものです。

創業当時の私の資金としては、資本金が1000万円ありました。

融資はまったく当てにしていませんでした。そもそも開業して2年ほど経って、ようやく千葉銀行に自社の口座を開設することができたくらいです。融資の相談に行っても門前払いを食らうのは目に見えていたからです。

資本金以外では、当時、千葉市商工会議所にて創業塾が開講され、1週間ほど講習に行って修了証をもらうと、新創業者は国民生活金融公庫（現、日本政策金融公庫）から500万円を無担保で借りることができる制度があり、それを利用しました。

また、先にもお話ししたように副業での収入が月に数十万円あったので、日々の生活費はそれを頼りにしました。副業は2年ほどやったでしょうか。「食いあぐねて路頭に迷うことはない」という安心感は大きかったです。そのおかげで、本業に邁進することができました。

本業である介護ショップの経営は、最初は難航しました。なにせ、初出店した大網白里町には知り合いらしい知り合いはいません。人の伝手をたどるということが、ほぼできませんでした。

私は社会福祉協議会や福祉施設、病院、ケアプランサービス事業者などを訪問して、介護用品の営業に回りました。私はもともと営業畑の人間ですからノウハウは分かっています。扱う商品が鉄鋼から介護用品に変わっただけです。

そうやって地域を回っているうちに、在宅介護の高齢者が多くいて訪問介護が必要だと気づきました。そこで、妻に頼んで2級ヘルパーの資格を取得してもらい、ゆくゆくは訪問介護もできる準備を始めました。

すると、妻が社会福祉協議会のご婦人方と顔なじみになり、そこからネットワークが広がって、介護用品の受注が入るようになったのです。ここから事業が好転しました。まさに妻のお手柄です。

資本金の1000万円が運転資金でなくならないうちに、受注がもらえるようになったおかげで、会社はスタートアップでこけるのを避けられました。

2001年1月には、大網店に訪問介護ステーションを開設しました。同年6月には巣鴨店をオープン。2002年3月には大網店にケアプランサービスも開設しました。ケアプランサービスとは、介護について相談を受ける窓口です。ケアマネージャーが利用者の介護度や健康状態を評価し、利用したいサービスの希望などを聞き取って、個別に介護保険サービスを利用するためのプランを立てます。

その後も、資金的に余裕ができると千葉、東京、埼玉に支店を増やしていきました。

## ピンチのとき、増資・融資ができるかが運命の分かれ道

身の丈を考えながらの経営をモットーにしていた私ですが、ピンチに立ったこともあります。

介護ショップそのものは、もともとのニーズが多かったことやリピーターがついたこと（競合がいないので一度利用してもらうとリピーターになりやすい）から、至って順調に業績を伸ばしていったのですが、そうこうしているうちに利用者から「近くに介護や見守りが必要なお年寄りのための入居場所をつくってくれないか」とお願いされるようになりました。最初は介護用具のレンタルと物販だけでやっていくつもりだったのですが、開業から4年目の2004年9月、千葉の長生郡一宮町で高齢者向けのグループホームを開くことにしました。グループホームは、認知機能が低下して介護や見守りが必要な利用者が少人数で共同生活をする場です。

営業先の特養の看護師さんが手頃な土地を持っていて、そこを借りて、ホームを建てま

した。その土地は3年後、自社で買い取りました。

地域の方々からはたいへん喜ばれ、オープンから1年ほどで満床になって黒字化しましたが、あまり大きくは利益が上がりませんでした。

いちばんの収穫は、高齢者向けの居住施設は「ニーズは確実にある」ということが分かったことです。介護保険制度施行前は、介護を必要とする高齢者は療養型の病院で入院するか、在宅かがほとんどで、安心して永住できる居住施設が全然足りませんでした。

2007年には、4軒立て続けに介護サービス付き高齢者向け住宅（サ高住。※ただし当時は適合高齢者専用賃貸住宅といいました。これ以降は混乱を避けるためサ高住で統一します）を建ててニーズに応えようとしたのですが、思いのほか資本を使い過ぎてしまいました。サ高住は介護サービスが受けられる高齢者向けの賃貸住宅です。

新たに土地を購入し、バリアフリーのマンションを建てるので、当初の予算よりも費用がかさんでしまったのです。さらに、計画どおりに入居が進まなかったため、日々の運営資金が不足気味になると直感しました。

そこで、2012年に銀行4行から融資を取りつけ、1億7500万円を借り入れました。それ以外に、2011年~2012年にかけて安定株主の発掘を行うとともに、金融系ベンチャーキャピタルからの投資を受けて、計6社から1億4000万円の増資を果たしました。

増資や融資でキャッシュを増やそうとするときに大切になってくるのが、自社の信用力や業界の将来発展性です。

近年はベンチャーキャピタルのように、日本でも投資家の間でベンチャー企業を支援する動きが活発化しています。ベンチャーキャピタルとは、高い成長性が見込まれる未上場企業に対して、株式投資を行うもの。そういった起業家向けの公的支援を賢く利用するとよいでしょう。

金融機関や投資家がどのように融資や投資の決定をするのか、専門外なので知り得ませんが、私がいた商社では取引先の会社と取引を開始するときに、「与信限度額」を設定していました。

与信限度額とは、得意先が倒産するリスクに備えて、総債権額の上限を設定したもの。簡単に言えば、「この会社には、いくらまでなら売ってもOK」という枠です。原則として、これを超えた取引は不良債権防止のために行いません。

与信限度額をいくらにするかの審査では、相手企業の決算書を取り寄せたり、帝国データバンクの資料を見たりします。内容の良くない会社だと、その会社で振り出す手形では回収できない恐れがあるので、現金での取引か、回し手形（ほかの信用ある会社の裏付けがある手形）でないと取引しません。

おそらく、金融機関も同じような審査をしているのではないでしょうか。だからこそ、決算書はきれいにしておく必要があります。前章で、「企業経営の知識に長けた顧問税理士の協力を得たほうがよい」と言ったのは、これが理由の一つです。

また、帝国データバンクや東京商工リサーチといった企業調査機関における自社の評価を上げる取り組みも大切です。

会社によっては帝国データバンクから掲載にあたっての申し出があっても、「忙しいから、うちは掲載しなくて結構」と拒否したり、必要な資料を出さなかったりするケースがあると聞きます。そうすると相手も人間ですから心証が悪くなりますし、「何か都合の悪いことを隠しているのではないか」と勘繰られ、透明性をマイナス評価されてしまいがちです。要求された資料はすべて開示し、担当者との人間関係を疎かにしないことが、当たり前ですが大事です。

## 営業から集金、車椅子の洗浄まで……自ら動いて人件費を削減する

ベンチャー企業でいうシード期（準備期間）やスタートアップ期（起業早期）はお金がないこともあって、徹底したコスト削減をしました。

会社の経費で最も大きな割合を占めるのが人件費です。よその人に頼むとお金がかかるので、自分でできることは何でも自分でやりました。

利用者からの集金は150人くらいまでは全部自分で回っていました。会社の口座が開設できなかったので振り込んでもらうことができなかったからというのと、現金で確実に集金するためです。

レンタルから戻ってきたベッドや車椅子の洗浄も、一台一台すべて自分の手で行いました。ベッドや車椅子を洗浄していると、傷や凹み、ネジのゆるみ、軋みなどのチェックもできて一石二鳥でした。

もちろん新規顧客開拓の営業活動や取引先回りもやりました。正しく言えば過去形でな

く、現在も率先して営業に出ています。

営業はサラリーマン時代に25年、起業して20年で合計45年やっていますから、もう身体に染みついていて、「面倒だな」とか「従業員に丸投げしてしまおう」とか思うことはありません。現場に出ているほうが仕事をしている充実感があって、身体の調子も良くなります。

## 現場は「宝の山」。率先して現場に出る

経営者自らが現場に立つことの大切さは、多くの先達が指摘しています。

例えば、トヨタ自動車は創業者の豊田喜一郎さんから現経営者の豊田章男さんまで、徹底した現地現場主義を貫いて世界的ブランドになりました。倒産寸前の松風工業から社員を率いて独立起業し、京セラを超一流企業に押し上げた稲盛和夫さんも、現場を大事にしている一人です。

彼らがこだわる「ものづくり」の現場が製造現場なら、私がやっている介護ビジネスの

現場は、お客さまとの接点である営業の場や、実際の介護を提供する施設になります。

現場に出ると何が良いかというと、1つめはニーズの有る無しや動向が肌感覚で分かることです。社会情勢は新聞やニュースを通してでも分かりますが、今自分の身近で起こっている細かな変化は「現場」でないとつかめません。

2つめは、サービスや自分の思いが相手に正しくかつ十分に届いているかが分かること。メールや電話でも話はできますが、やはり相手の顔を直接見て話すと、こちらの意図が伝わりやすく相手の希望もすくい上げやすくなります。すると、誤解やトラブルが起きにくくなります。

3つめは、無駄を発見して改良改善していけること。机上で必死にそろばんを弾くだけでは気づかない「無駄」というのが、現場に出てみると意外にたくさん見つかります。

4つめは、トラブルやリスクの芽を見つけやすく、早期に摘み取れること。「いつもと違うな」「何かが変だな」と感じてよく見てみると、だいたいそこにリスクの種が埋まっています。

具体的な実践としては、毎月少なくとも1回は全国の全施設の会議に出席します。

・従業員はいきいきと働けているか、不満はないか
・入居者は安心して暮らせているか
・近隣トラブルなどはないか
・施設や設備の掃除やメンテナンスは行き届いているか
・無駄なコストは発生していないか
・改良改善すべきところはないか
・どこかにリスクは潜んでいないか
・コンプライアンスは守られているか
・虐待や身体拘束などの違反行為が見受けられないか

そういったところを一つひとつチェックして歩きます。従業員の働きぶりや入居者の表情などを見て、気になれば直接声を掛けて確認します。

施設のメンテナンスも専門的なものは業者に依頼しますが、自分たちでできるものは私や従業員で行います。

## 芽が出なければ撤退すればいい。勉強のための出費は惜しまない

事業を始めてみたが何年経っても好転する見込みがないという場合、傷を大きくしないうちに撤退するという経営判断も大切です。うまくいかなかったとき、「失敗を認めて引き下がる」というのは、できそうでいて難しいことです。プライドが許さなかったり、注ぎ込んできたものが惜しくてあと戻りができなかったり……。

しかし、同じ土壌に埋めても芽が出ない種や、発芽しても育たない種というのはありません。入念に準備をして、手堅い経営をしても、たまたまそういう種をつかんでしまうこともあるのです。

そういうケースもあることを念頭においておき、「これはダメだ」と思ったら、早めに手を引きましょう。経営難で借金が膨らみ、返済に追われるようになると、しばしば精神的にやられます。そうなってしまうと、エネルギーが枯れて再起が難しいのです。もう一度力をつけて再チャレンジをするためにも、私は「一歩引く覚悟」を常に心に留めていま

す。

進出を試みてはみたものの、見切りをつけて撤退した経験が私にもあります。

私は九州の生まれで、創業初期の頃、故郷に介護ショップを出したことがあります。他県ではうまくいっていたので故郷でも大丈夫だと判断したのですが、そのときはうまくいきませんでした。わりと田舎で閉鎖的な土地柄ということもあり、新規参入は受け入れられなかったのです。たった3カ月で撤退しました。

韓国での介護施設運営も6年やりましたが、収支がトントンで、海外事業での柱にはなり得ないと判断し、2019年7月に撤退しました。

失敗することそのものはまったく悪いことではありません。うまくいかない原因を分析し、次に活かすことができるからです。身の丈起業ではできるだけ失敗のリスクを減らす努力をしますが、「勉強のため」の投資は惜しみません。

## 経営者は孤独になりがち。信頼できる相談先を早く見つける

経営の相談できる相手を持つことも、失敗のリスクを下げてくれます。

戦略的な判断を迷ったり、リーダーシップで悩んだりなど、経営者の悩みはいろいろあります。しかし、なかなか他人に話すことは躊躇《ためら》われます。家族や友達がいても、経営を知らないとその悩みや考えていることは理解や共感をしてもらいにくいものだからです。

それに、経営の大切な部分の詳細は機密保持の観点から、むやみに漏らせないこともあります。

経営者はすべてを自分で決められる代わりに、周りに相談がしにくいというジレンマを抱えて「孤独」になりがちなのです。だからこそ、経営について相談できる相手がいると助かります。相談に乗ってもらうだけで頭のなかが整理できることもありますし、貴重な意見をもらえたり知恵を授けてもらえたりすることもあります。

これから経営を始めるという人は、ぜひ早めに相談相手を見つけてください。

相談先は、社内外含めて複数持つのがお勧めです。なぜなら、「この相談はこの人に」「このジャンルのことはあの人に」というように、相談先を使い分けられるからです。私にとっての相談相手は、創業時は大阪西川の部長さんや大手ドラッグストアの常務Yさんなどでした。

経営者同士のつながりも有益です。同じ経営者目線での話ができるからです。業種や業界が違ってもかまいません。むしろ、他業界の人のほうがヒントになることが多いかもしれません。

同業者は競合にもなり得るため、手の内は明かすことができないのもありますし、成功している手法をそのまま真似するのはルール違反になります。

それに対して、異業種では業界の外側にいるからこそ見えてくるものがあったり、考え方や発想の違いが生まれたりします。成功している手法を真似しても、それなりにアレンジすることになるのでルール違反にはなりません。

湘南美容外科グループのトップ、相川佳之さんの経営論を何かの記事で読んだことがあるのですが、彼は「TTP」を繰り返してきた結果、同業他社の倍速で会社を大きくできたと話していました。TTPは「徹底的にパクる」の略だそうです。

成功している会社の経営者の手法を取り入れると、独自でやって失敗して反省してやり直して……という手間が省けます。つまり、試行錯誤をスキップして最初から正解を出すことができるのです。

彼が最も信頼する経営者の一人が、ニトリ会長の似鳥昭雄さん。似鳥さんはアメリカの家具販売の手法を日本に導入して大成功しました。相川さんは似鳥さんが躊躇なくパクった話を聞いて、「そうか！　人真似してもいいんだ」と目から鱗が落ちたとか。

ちなみに、彼の流儀として、パクるなら100％完全にパクることにしているそうです。それが、パクらせてもらう相手に対する敬意だとのお話でした。

## 「この事業で勝っていける」と私が確信した瞬間

さて、1年ほどの短期で4軒の施設を建ててヒヤッとした経験や故郷での出店失敗から、私は「事業拡大を急いではダメ」「一つひとつの店舗や施設で利益を確実にしてから次に進むことが重要」と改めて学びました。

それ以降は、ビジネスモデルを改良しました。新たな施設を始めるとき、自分で土地建物を買って用意するのではなく、オーナーに建ててもらって、運営を自社で行うスタイルに転換したのです。

このスタイルに変えてから経営は安定し、さらに大きく業績を伸ばすことができるようになりました。

なぜそれが正解だったのか、詳しくは第4章でお話しします。

# 第4章

## ヒト・モノ・カネ……
## あらゆるリスクを事前に排除
## 超リスクヘッジ思考で安定経営を継続

## 私が介護事業で成功できた必勝法

### ●土地建物をオーナーに任せて、自社の持ち出しゼロに

起業当初は介護用品のレンタルショップだけでやっていこうと思っていた私でしたが、周囲の期待に応えるかたちで、2004年にグループホーム、2007年頃からはサ高住や有料老人ホームといった居住型施設の経営にも乗り出しました。

ただ、最初は土地建物を自分で購入していたので、億単位の出費がかさみました。さらに、それを回収するまでに相当な時間を要することが分かりました。

「このビジネスモデルは続かない」と判断した私は、次の手法に転換しました。

①施設の土地・建物はオーナーに建ててもらう
②介護サービスの提供を自社で行う
③毎月、家賃をオーナーに支払う

つまり、外側の建物は不動産オーナーで、中身が自分たちです。この手法では、土地建物をオーナーにお任せするので、自分たちの初期投資はゼロに抑えられます。現在、土地

建物が自社持ちなのは43件中7件だけです。

オーナーにとってもこの手法はメリットがあります。不動産投資としてアパートやマンションを建てる人もいますが、今は人口減や人口の都市集中などで空室リスクが高まっています。東京23区内にあるマンションでも空室率30％超とか。

その点、超高齢社会の現在は高齢者向け住宅のニーズが常に高水準で推移しています。空室リスクが少なく、確実に賃料が入ってくるため、サ高住を建てるのが人気になっているのです。

介護施設には、ほかにも特別養護老人ホーム（特養）や介護医療院（介護療養型医療施設）、シニア向け分譲マンションなどさまざまな種類があります。

それぞれの違いには言及しませんが、運営母体は2種類あります。非営利法人（社会福祉法人）がやっている公的施設と、うちのような民間業者（株式会社）がやる民間施設です。

また、入居者の自立度・介護度（※122ページ参照）や、利用するサービスの内容な

老人ホーム・介護施設の種類

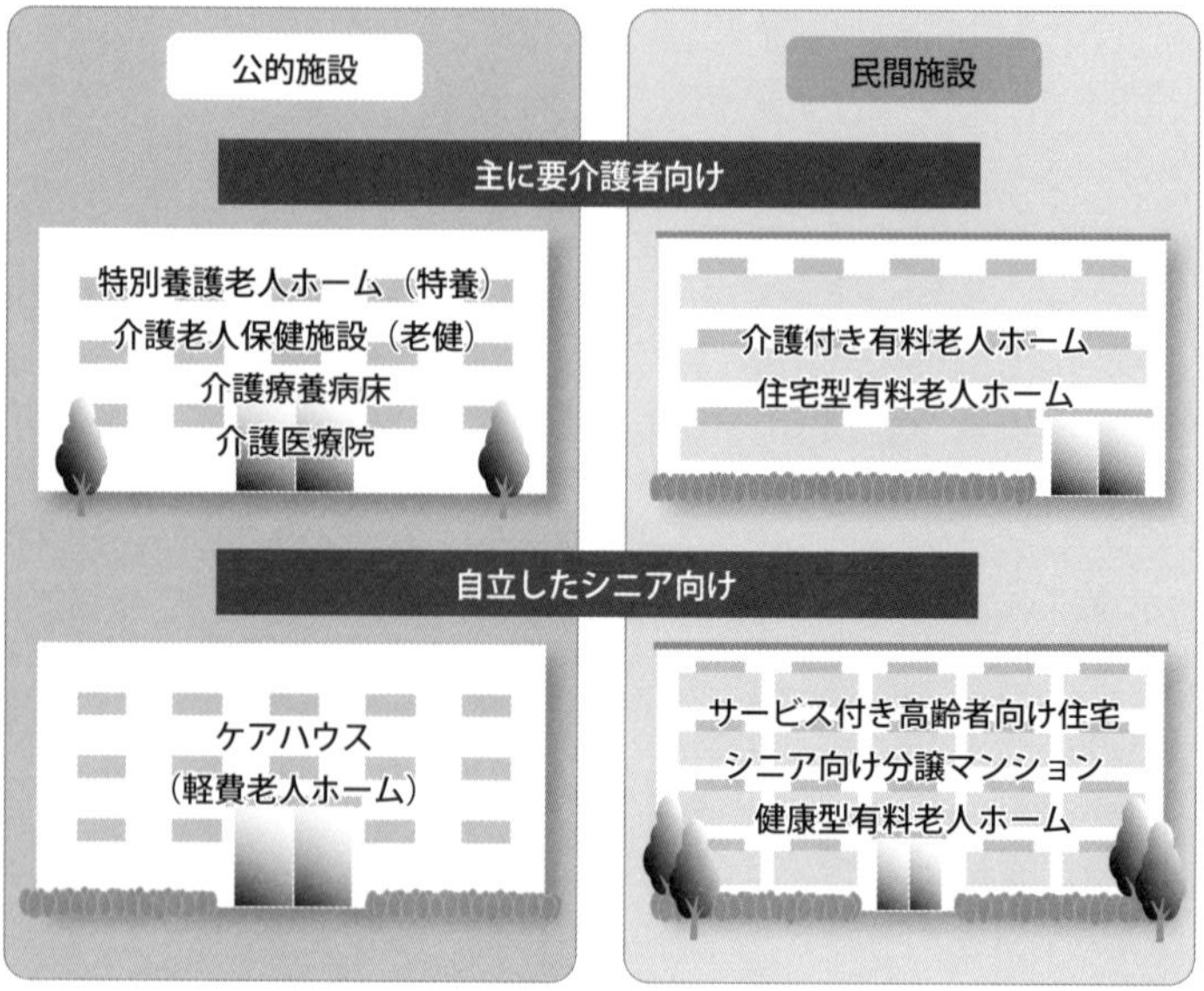


どによってもすみわけがあります。図版を見てもらうと、分かりやすいと思います。※介護度には、要支援1～2、要介護1～5の7段階あります。要支援1が最も自立度が高く、要介護5が最も介護度が高くなります。

特養は要介護3以上が入居条件になります。社会福祉法人がやっている施設なので、利用者にとっては入居料が低く抑えられるのが魅力ですが、その分だけ人気が高く、入居までの順番待ちが何年とかかるケースも珍しくありません。特養に入れない人たちの受け皿として、民間のサ高住や有料老人ホームが多く利用されています。

また、あえて民間の施設を選ぶ人もいます。公立の施設ではサービスの質が平均的ですが、民間では企業努力によって高水準のサービスを提供しているところも多くあるからです。公立の学校と私立の学校とで教育のカリキュラムや質が異なるのと似ています。

## ●損が出やすいサ高住を高利益体質にする

一般的にサ高住の経営は難しいといわれています。なぜなら収益性が低くなりがちだからです。収益率が低い理由としては、入居率が低いこと、生活保護者の比率が高いこと、平均介護度が低いことがあります。しかし、わが社ではサ高住を高収益化して、ビジネスとして成立させています。

サ高住は、建前としては自立した高齢者向けとされていますが、うちでは介護度の高い人を積極的に受け入れ、ターミナルケアから看取りまでを行っています。介護度の高い人を受け入れる理由は、経営的な観点からと社会貢献的な観点からの2つがあります。

社会貢献的な観点では、先程お話ししたように特養が順番待ちで入れない人たちの受け皿としてお役に立てます。

特養は高介護度の高齢者を受け入れる施設としてありますが、国や県の計画で年度ごとの床数が決まっていて、勝手に施設を建てて増やすことはできません。だからこそ、順番待ちが出てしまうわけです。また、ベッドに空きがあっても、介護スタッフの人手不足で利用者を受け入れられないこともあります。

それに対してサ高住は今のところ、民間業者の判断で建てることができます。今後は団塊の世代（１９４７～１９４９生まれ）が後期高齢者になる「２０２５年問題」も控えていますから、特養を諦めてサ高住に流れて来る高齢者は多くなるでしょう。老後資金に余裕のある人が、より良いサービスや快適な暮らしを求めてサ高住を選ぶケースも増えてくると思います。

経営的な観点では、サ高住は「介護サービスの利用限度額までサービスが利用できる」ことが大きな理由です。介護サービスの１カ月あたりの利用限度額は、１２５ページの表のように決まっています。つまり、介護度の高い利用者を受け入れて、介護サービスを多く提供することができれば、それだけ介護報酬が高くなり会社の売上は上がります。

## 月々の要介護度別の支給限度額

| 要介護度 | 支給限度額 |
|---|---|
| 要支援 1 | 50,320円 |
| 要支援 2 | 105,310円 |
| 要介護 1 | 167,650円 |
| 要介護 2 | 197,050円 |
| 要介護 3 | 270,480円 |
| 要介護 4 | 309,380円 |
| 要介護 5 | 362,170円 |

ただし、それには「どんな利用者が来ても対応できる」ことが重要になってきます。要介護5となると、持病のある人が大半です。介護だけでなく看護の質も求められるのです。

能力の高いスタッフを集めることができれば、それだけ十分なサービスを提供でき、会社は売上を出すことができるというわけです。

さらに余力があれば、介護士が地域で在宅している要介護者のところまで訪問介護にも行くことができます。サ高住の一角でデイサービス※を開くこともできます。すると、さらに売上が伸ばせます。

※通所介護のこと。利用者が日中通ってきて、リハビリやレクリエーションなどを行います。

うちで運営しているサ高住はすべてに、訪問介護センターを併設しています。

## ●安定収入が見込める介護付有料老人ホーム

次に、介護付有料老人ホームの経営についてです。介護付有料老人ホーム（以下、有料老人ホーム）は「特定施設」に分類されます。

特定施設は、入居者の介護度によって一律いくらと介護報酬が決まっています。入居者が多くの介護を利用しても、あまり利用しなくても一律の介護報酬（包括報酬といいます）が受け取れます。

要介護2では1カ月約25万円なので、30床の施設の場合、30床×25万円×12カ月で年間の売上が9000万円となります。

満床を維持できれば毎年確実に9000万円ずつ売上が入ってくるので、経営的に安定することがいちばんの強みです。

特定施設を多く持っている事業者のほうが、収益は安定します。うちのサ高住でも特定施設にしているところもあります。

ただし、特定施設は県で年度ごとの床数が決められています。そのため、勝手に新設することはできません。うちの場合はM&Aで特定施設を買い取るケースが多いです。最近は、経営者が後継者問題などで事業承継が難しくなり、施設をM&Aに出すケースが増えているのです。M&Aについては第5章でお話しします。

●不確定要素の多いデイサービスはメインにしない

民間大手の介護事業者で全国展開をしている会社もありますが、売上が上がっているからといって本当に企業として利益を上げているとは限りません。

介護事業で起業してデイサービスをメインに展開していた人を知っています。その人は2000年代初めにデイサービスで起業して15年間、拠点を増やすなどしてきましたが、経営が立ち行かなくなり今は会社を手放しました。

デイサービスは介護度の低い人から高い人まで不特定多数の人が通所してきます。つまり、必要とするサービスの種類や内容が異なるので、幅広い対応を求められます。そして、いつ利用しなくなるか分かりません。気分や体調やそのほかの事情で「今日は行かない」ということが出てきたり、病気などの進行で介護度が高くなり、デイサービスをやめて施設に入ったりします。

サ高住や有料老人ホームといった「入居率に応じて利益が決まるビジネスモデル」は、満床にすれば基本的に利益が出ますが、「在宅サービスのみに依存するビジネスモデル」

は不確定要素が多いので、売上の見込みが立たないだけでなく、人件費などで無駄が出やすく利益が出しにくいのです。

別のある事業者はデイサービスで利益が頭打ちになり、サ高住を始めましたがノウハウがなくて会社が傾きました。

## ●社会福祉法人はやらない

介護ビジネスを始めた当初から、株式公開を目指していましたので、社会福祉法人になることは考えませんでした。

株式会社をやりながら、社会福祉法人格も取得して手広く経営している事業者もいます。私のところにも「社会福祉法人をやりませんか」という誘いが来ますが、将来的にはともかく今は手を出すつもりはいっさいありません。

その理由は、二足のわらじは力が分散するからです。

私は、利益を生み出して、それをケアスタッフや株主に分配できる「株式会社」という仕組みに魅力を感じているのです。

## どこを狙えば利益率が上がるか。戦略を練るのが経営の面白さ

私が介護業界で勝ち残っていけるビジネスモデルを紹介しましたが、これは事業を行うなかで、状況やニーズに合わせて少しずつ改良してきた結果です。

その時々で、「どこを攻めれば利益を得ることができるか」や「どういったルートや方法で攻めればいちばん効率的か」を考えてきました。今はこの手法がベストだと思っていますが、時代が変われば、やれることも違ってくるので、「これで完成した」とは思っていません。

率直なところをいえば、起業当時は「上場」を一つの大きな目標にはしていましたが、今のような業態で会社が大きくなるとは思ってもいませんでした。介護ショップで大きくなっていくと思っていたのです。2020年現在の売上でいえば、介護用品のレンタル事業は全体の1~2%しかありません。

今後どんな変革があったとしても、今のビジネスモデルが通用しなくなったとしても、私はその都度、知恵やアイデアを振り絞って、新しいビジネスモデルを見つけようとするでしょう。自分がつくったビジネスモデルをどんどんバージョンアップして、より強いものに鍛えていく、新しいことにチャレンジして常に変化していくというのが、経営のいちばんの面白さでもあるからです。

## 一つひとつの仕事で利益を出し、確実に利益を積み上げる

介護ショップ、サ高住、有料老人ホーム、デイサービス……と事業の種類が増えてくると、どれかが手薄になりがちで、利益を取り逃すことがあります。そうならないように、一つひとつの事業で確実に利益を出すことを意識しました。「全体で儲かっているからいいや」ではダメなのです。

サ高住の経営では、うちの場合は入居率80％が損益分岐点です。新規出店やM＆Aのスタート当初でも85％からを目指します。逆にいえば、当初から85％を実現できるところし

か開設しないし、M&Aもしません。そのあたりはシビアにふるいにかけます。

現在は施設の入居率90%超えを維持していますが、目標は100%（満床）です。満床を必死に目指しても現実は100%に届かないのです。つまり、「損益分岐点を超えればOK」などと甘いことを言っていては、80%を超えることさえ難しくなってくるでしょう。私が「大言壮語でもいいから、とにかく高い目標を持て」と自分に言い聞かせているのは、そうしないと低い目標さえ超えられなくなるからです。

一つひとつの仕事で全力を尽くし利益を出していくと、それがブロックのように積み重なって、やがて大きな利益の山になります。

経営思想家のジム・コリンズが自著『ビジョナリーカンパニー　弾み車の法則』で述べているように、インテルやアップル、アマゾン、バンガードなどの世界的大企業は、弾み車を回し続けることで「良い会社」から「偉大な会社」へと飛躍しました。大きな成功を収めるためには、最初の弾み車が10回転したら新しい弾み車に変えて1からやり直し、それが10回転したら、さらに別の弾み車に変えて……というように、少しずつ大きな弾み車に変えながら1万回転、100万回転と回していき、10億回転以上を回し続ける必要があります。

何度も繰り返し、粘り強く、着実に大きくなっていくこと、それこそが身の丈起業の極意なのです。

## 家賃は経常利益の1割まで

事務所をおく本社はこれまで何度か移転しています。最初は大網白里町でスタートし、2006年7月に東京都豊島区へ、2009年6月には東京都中央区へ、そして昨年2月に現在の東京都千代田区に移ってきました。

最初の介護ショップは15坪の広さで月5万円でした。知人の紹介で借りたので、相場より3割ほど安い賃料にしてもらえました。

その後は、事業が大きくなるにつれて従業員や来客が増え、事務所が手狭になったので、より広いスペースを求めて移転をしました。また、都内への進出もしたことから、物件は都心で探しました。

家賃を高く出せば、いくらでも物件は見つかりますが、私は「経常利益の1割まで」という予算を決めていました。その条件を超える物件は最初から候補に入れなかったので、おのずと物件数は絞られて探しやすくなりました。

家賃は、売上の増減にかかわらず発生する「固定費」です。人件費や水道光熱費、リース代なども固定費になります。

経常利益は、正確に言うと「営業利益＋営業外収益－営業外費用」ですが、ここでは「本業で稼いだ利益」の意味合いで理解してもらってかまいません。

毎月必ず出ていく固定費は、本業でほぼ確実に入ってくるお金のなかであらかじめ割合を決めておく、というのが一般的にもセオリーです。その割合をいくらにするかは経営者の考え方や事業内容などによりますが、私の場合は、家賃は1割以内が頃合いだと考えています。

月に100万円の収入があるとしたら、家賃は10万円以内。他の固定費や変動費の支出もあるので、それ以上になると負担が重く感じられ、もし収入が下がった場合に苦しい思いをします。

変動費は売上の増減で変動する費用のことです。原材料費や仕入原価、消耗品費などがこれにあたります。変動費はその月々によって高かったり低かったりしますが、高いときでも固定費は必ず発生するので、前もって割合を決めて確保しておくのです。そうすれば、「今月は家賃が払えない……」などのリスクを回避できます。

## 人材確保がどの業界でも至上命題

さて、サ高住や有料老人ホームで利益を継続的に上げていくためには、優秀な人材を多く集めることがカギになります。

周りの介護事業者を見ていても、「人手不足で十分なサービスが提供できない」「ベッドは空いているのに入居者を受け入れる余裕がない」といって苦しんでいるケースが散見されます。介護事業は介護スタッフの数と質で成否が決まってくると、私は考えています。それは、どの業界にも通じることではないでしょうか。

従業員を必要とする事業では、人材が切れると会社が回っていきません。

今後の日本は人口が減少し、労働者層も減少していきます。帝国データバンクが発表した「人手不足に対する企業の動向調査（2018年10月）」を見ると、正社員が不足していると回答した企業は全体の52・5％を占めています。そして、2030年を予測した

**2030年までの人手不足の推移**

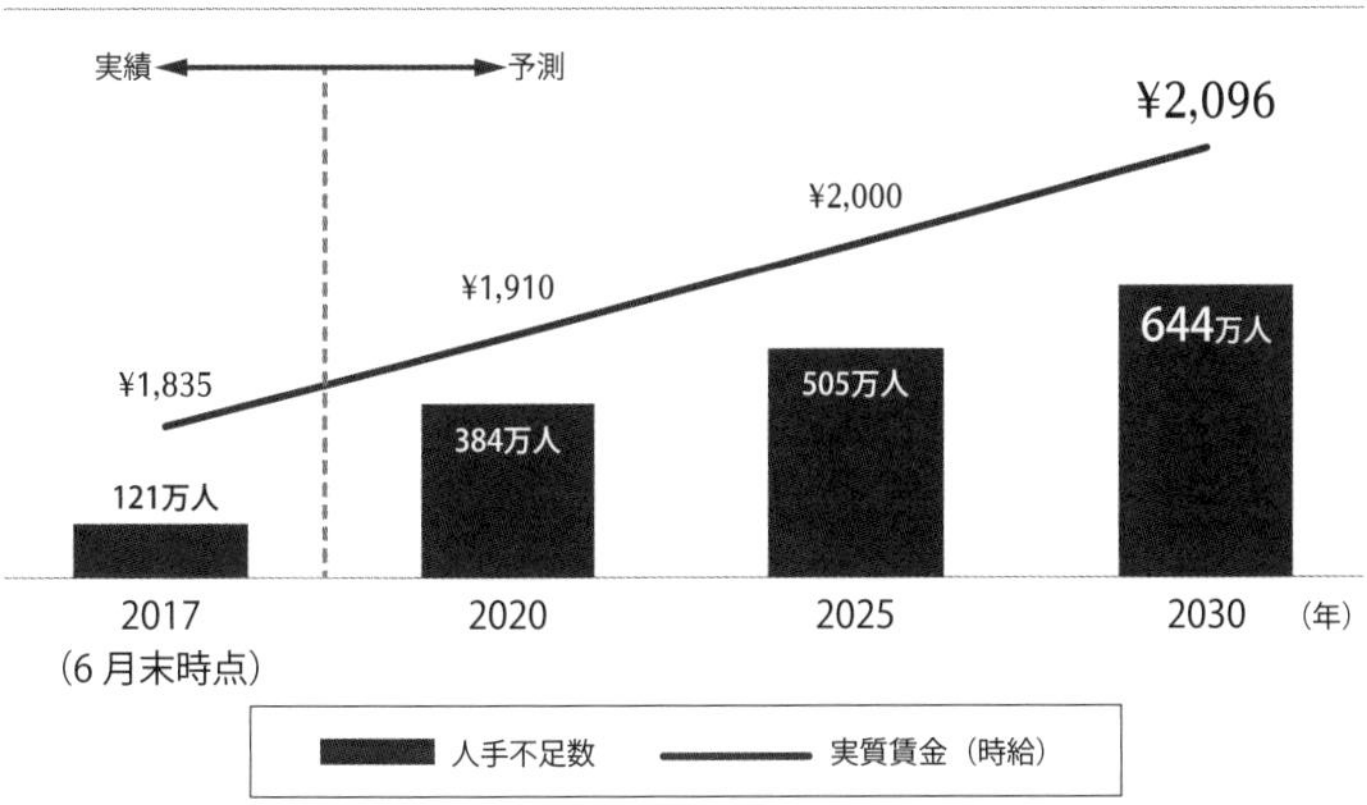


出典：「労働市場の未来推計 2030」パーソル総合研究所および中央大学

データ（パーソル総合研究所および中央大学の「労働市場の未来推計２０３０」）では、６４４万人が不足するとなっています。

そこで、私がやっている人材確保のための取り組みをお話ししたいと思います。一つは採用を増やす努力、もう一つは離職率を下げる努力です。

まず、現状を言うと、介護業界はどの業者も人材不足に喘いでいます。介護の仕事は心と体を駆使する仕事なので、やりがいがある反面、長続きしにくい傾向にあります。さらに、資格が必要な業務もあって、有資格者の募集となるとさらに分母が小さくなってしまいます。

うちも人材採用には力を入れていますが、募集をかけてもなかなか応募がきません。会社としては長く働いてもらいたいので若い人が欲しいのですが、介護業界は敬遠されがちなのが悩みです。デイサービスは日中だけの勤務なので、比較的若い人材が集まるものの、うちの事業のいちばんの柱である入居型の施設は夜勤や早番があるので、若い人には人気がないのです。

「派遣業者に紹介してもらえばいいのでは？」と思うかもしれませんが、派遣は紹介料などのマージンが上乗せになるので、会社は倍以上の人件費がかかります。

募集で人材を集める具体的な方法としては、魅力のある会社として見てもらえるような工夫をしています。

就職先を選ぶ際、「働きがい」や「通勤の利便性」「キャリアアップの機会や仕組みがあるか」なども条件になりますが、それらは入社してみないと分からない部分もあり、やはり募集要件で分かりやすい「給与」と「福利厚生」で判断されがちです。そこで、待遇面を良くしています。

また、外国人労働者の受け入れにも積極的です。国が定めた外国人技能実習生で、日本語レベルがN３以上（※１４５ページ参照）の人材を採用しています。今は中国、モンゴル、ベトナム、フィリピン、バングラディシュからの従業員が複数います。

さらに、わが社では採用のためのルート作りとして、複数の福祉科のある大学とのパイプを構築しました。例えば、城西国際大学の福祉総合学部に対しては、千葉銀行の「地方創生私募債」による寄付を行いました。これから毎年、優秀な卒業生を採用することができます。

## 待遇アップで優秀な人材を集める

給与面でいうと、今は処遇改善手当が支給されるので、昔よりは給与水準が改善しています。それでも仕事内容からすると、まだまだ低い印象ですが……。わが社としては他社よりいくぶん基本給を高く設定しています。

次に、福利厚生ですが、他社に比べて休みが多くあるのがアピールポイントです。起業当初から、私は「年間124日休みが当たり前」という感覚でいました。勤めていた商社がそうだったからです。あとから介護業界では年間100日休みが一般的だと知って驚きました。現状は事務職は124日、介護職は108~110日にしています。

また、東京ドームと甲子園、ペイペイドームに年間シートを押さえてあって、希望すれば試合を観戦に行けます。保養所は全国にあります。20周年記念での社員旅行はちょっと贅沢をしたいと思って企画しているところです。

給与はみんなに高くしてあげたくてもやはり限界がありますから、給与以外の福利厚生でも従業員を満たす努力をしています。

## 昼食会で従業員のガス抜きをする

離職率を下げるには、みんなにとって働きやすい職場にすることが欠かせません。職員のストレスをいかに減らすかにも、私なりに心を砕いています。

例えば、毎月1回の社長昼食会をやっています。その月の誕生日のスタッフを集めて、一緒にランチをするのです。日頃のねぎらいを込めて、ちょっといいお弁当を用意します。

そういう場で、「施設長※に言いにくいこと、僕が聞くよ」と声をかけ、ざっくばらんに不満や意見を吸い上げます。※わが社では、各施設に施設長（会社組織でいえば課長にあたる）、エリアごとにエリア長（次長）、県ごとにカンパニー長（部長）という組織図になります。

また、毎月1回は全施設に行ってミーティングを行います。その場には、立場が上の者ではなく、現場で働くスタッフを出席させるように促しています。日頃、発言力の弱いスタッフたちの意見が聞きたいからです。

そのようにして、まめにガス抜きしてあげることが、会社にとっても良い方向に作用しています。社長と直接話せることが大事なのです。

出てくる不満や意見としていちばん多いのは、人間関係の訴えです。二番目が給与面。能力差による仕事の偏りや、外国人労働者に対する人種差別などにも気をつけなくてはいけません。

まめなガス抜きを怠り、従業員の不満が限界に達すると「爆発」という最悪の事態を引き起こしてしまいます。

爆発のパターンはいくつかありますが、大きくは3つあります。

1つめは、職場で怒りを爆発させて、他の従業員とぶつかったり、利用者に八つ当たりしたりするパターンです。職場全体のモチベーションが下がるだけでなく、利用者にも迷惑をかけてしまいます。

2つめは、会社を辞めていくパターンです。苦労して採用したのに去られるのも痛いですが、その従業員に「この会社にいて良かった」「今の仕事をずっと続けたい」と思わせてあげられなかったというのが、私としてはいちばん心が痛いです。

3つめが、内部通報というかたちで外に向けて爆発するパターンです。社長に言ってくれれば改善の手も打てるのですが、いきなり行政に告発したりする例があります。事が大きくなり、その収拾にコストがかかるだけでなく、会社の信用問題にも関わってきます。

そういうリスクを事前に潰すためにも、わが社では今後も昼食会やミーティングなど、折に触れてのコミュニケーションを積み重ねていきたいと思っています。

## IT導入で現場の負担を減らす

介護の質を高めるために、国から定められた社内研修が3カ月に1回あります。また、自社でも研修を行っています。

仕事の効率化も、回りまわって介護の質に還元されます。書類関係の仕事が時間短縮できれば、その分を利用者に直接関わる時間や施設を良くしていくための話し合いの時間などに充てることができます。

介護業界でもIT化やAI導入は進んでいます。例えば、介護ロボットやGPSを利用した見守りサービス、介護記録のフォーマット化などです。

今、自社で導入するか検討しているものとしては、まず報告書や介護記録などの事務的な仕事のペーパーレス化です。介護の現場ではいまだに紙の書類に手書きで記入しているところが多く、自社もそうなのですが、モバイル端末でフォーマットに従って記入していくかたちにしようと思っています。

毎回の確認項目はフォーマット化されたものにチェックをするだけ、前回と同じものはコピー&ペーストで貼り付ける、というふうにすればいちいち記入する手間が省けます。

介護記録（日誌）は利用者の健康状態や介護の際に気をつけるべき点、本人や家族の要望などをみんなで共有するために書きますが、個人によって、細かい文字で詳細に記入する人もいれば、ひと言ふた言で済ます人もいます。数字や文字のクセがあって、次の人が読むときに読みにくいと、ミスや誤解につながったりもします。

特に数字の間違いは避けなくてはなりません。「1時間おきのオムツ交換が必要」と書いたつもりが、「7時間おき」と読み間違えると、利用者に不快な思いをさせてしまいます。命に関わるような数字の間違いだと、取り返しがつきません。

モバイル端末で日誌用のアプリを起動して、そこに書き込むようにすれば、そういった事故も減らせるでしょう。

また、最近提案を受けたのは、要介護者の健康チェックを介護の側面と看護の側面から記入すると、ＡＩが自動的に健康度や病気の可能性などを判定してくれるサービスです。医師が不在時に急変があっても病名の候補が分かるので、少しでもできることが増えます。

ちなみに、高齢者では肺炎が多いです。高齢者の肺炎は症状がはっきりしないことも珍しくなく、だるそうにしているな、ちょっと元気がないかなと思ったら肺炎が進行していたというケースもあります。

普通は平熱が36・5℃くらいだと思いますが、高齢者は35℃は当たり前です。バイタルの平均値が高齢者になると変わってくるので、それを踏まえて判定をプログラミングしてあります。

どの程度の精度があるのか、現場で活用できるかなどが分からないので、まず1カ所で試してみて、良ければ全体で採用しようと思います。

## ドミナント戦略で人事を回す

施設展開をするときに、自社でもドミナント戦略をやっています。ドミナント戦略は、ターゲットのエリアを特定し、そのエリア内に複数の施設を集中させる手法です。

わが社では特定のエリアを決めると、そこに3〜4施設をつくります。このとき、介護度の高い高齢者を受け入れる施設、介護度の低い高齢者を受け入れる施設、認知症の高齢者のためのグループホーム、特定施設というようにバリエーションを持たせます。そうすることで、そのエリアにお住まいの高齢者を介護レベル別に幅広く受け入れることができます。

一つのエリアに5施設以上になると、それぞれが競合になってしまい、入居者の取り合いになるので、多くても4施設でストップをかけます。

ドミナント戦略のもう一つのメリットは、人事が回しやすくなることです。

介護職は精神的・肉体的にハードなのでうつになる人が多いという特性があります。また、スタッフ同士のコミュニケーションが重要な仕事で、意見の衝突から人間関係がぎくしゃくしやすい傾向もあります。

そういった場合に地域にいくつか施設があると、隣の施設に異動してもらうなどの入れ替えができます。みんな近隣地域から通勤してきているので、遠距離にある施設では異動させにくいですが、近場ならスムーズです。

別の職場に移って気分一新し、人間関係もリセットされて働きやすくなります。すると、「もうちょっと頑張ってみようかな」と思えるようになり、離職を防げるケースが多いです。

## 外国人技能実習生を積極的に受け入れる

自社では人材不足を補うために、アジア圏からの労働力の受け入れにも取り組んでいます。今後は国内の労働人口が減少しますから、外国人技能実習生の受け入れがカギになってきます。

介護の現場では日本語でのコミュニケーションが非常に重要です。高齢者（認知症の人も多い）にも分かりやすい言葉遣いや話し方が求められます。

そのため、日本語能力試験のレベルがN2とN3の人を採用しています。日本語能力試験は、日本語を母国語としない外国人がどの程度の日本語を読み聞きして理解できるかを判定する試験です。段階がN1〜N5まであってN1が最も高く、通訳ができるレベルになります。

自社で採用しているN2は、日本語でディスカッションができるレベルです。N3は日常会話や読み書きができるレベルです。介護現場では日常会話に問題がなく、ビジネスシーンでもコミュニケーションがとれるだけのスキルがないと通用しません。もっといえば会話だけでなく、介護記録などの日本語が書けないといけません。

N3以上は、週に40時間まで働くことができます。

自国で日本語の勉強をし、日本まで来て働こうという人たちですから、もともと労働へのモチベーションや上昇志向があって、真面目に働いてくれる人が多くいます。希望すれば介護福祉士の資格を取得することも可能で、資格取得者は介護職として在留証明を得ることができます。そのため、資格取得の勉強に励む人も少なくありません。日本人の従業員たちにとっても良い刺激となっています。

## 経営的視点を持ったリーダーを育てる

多店舗展開をする際によくある失敗が、出店を急ぎ過ぎて資金ショートを起こしてしまうことと、サービスの質が低下してしまうことです。

一気に店舗数を増やすと、それぞれの店を任せる店長クラスの人員が足りなくなりがちです。経営やリーダー論が分かっていない人をとりあえず店長にして新店を開いても、お店はうまく回っていきません。採算やリスクを考えた運営ができないので、コストがかさんで利益を圧迫したり、店のスタッフがついて来なかったり、客が求めている味やサービスを提供できなかったりするからです。結局、客離れが起きて、十中八九お店を潰してしまいます。

多店舗展開を急いだために店長研修が追いつかず、経営破綻や店舗撤退をしているケースは、居酒屋チェーンやステーキチェーンなど見渡せばたくさん目につきます。

そうならないために、私は店長クラスにあたる施設長を育てることを常に意識しています。施設長が任せられる人材がいない場合は、新しく施設を始めることはしません。逆に、やる気もあって経営センスも身につけた人材が採用できたら、迷わず施設長に抜擢します。

ただ、人材を育てるというのはとても難しいものです。私は20年経営者として人を育ててきましたが、いまだに「正解」が分からない部分があります。同じように声掛けし、アドバイスし、勉強の機会を与えても、伸びていく人とそうでない人がいます。「この人は」と確信して目をかけても、途中で急に伸び悩みするケースもあれば、反対に、思ってもいないダークホースが何かをきっかけに突然、開眼したように輝きだすケースもあります。

おそらくどの経営者もみんな課題にしているのではないでしょうか。

ある程度の育成カリキュラムは構築できたとしても、それで万事ＯＫとはいきません。人間はそれぞれ得意なことも躓くポイントも違うし、理解の速度や深度、心に響く言葉なども千差万別だからです。むしろ、テキストどおりに育つ例などまずないと断言できます。

究極的には、「人を育てることの正解は一つではない」ため、「個別の対応が必要」ということに行きつきます。

ただ、これまでの試行錯誤後のなかで「これは多くの人に使える」というポイントやコツはあります。

私が人材育成、特にリーダー育成でやっていることはいくつかあります。

毎月1回は、施設長を集めての会議を行います。その場で話すことは、「施設長がそれぞれ社長だと思って仕事をやりなさい」ということ。

社長には施設の運営だけでなく、総務、人事、経理、財務、労務などすべてを把握する能力が求められます。

リーダー論やチームマネジメントについては、私もいろいろな本を読んできました。例えば、永守重信氏の『「人を動かす人」になれ！』や守屋 洋氏の『中国古典の人間学』などが参考になります。

## 先を読んで臨機応変に備える

経営では、状況に合わせて臨機応変にシフトチェンジできる柔軟性と体力が必要になってきます。

２００７年にサ高住を４軒建てて資金が足りなくなりかけたと言いましたが、その翌年の２００８年には介護用品のレンタル・販売に対する報酬が見直しになり、大幅にカットされてしまいました。そのとき、福祉用具を専門にやっていた業者の多くは経営難になってしまったのです。

私はその頃にはサ高住などの運営に業態を移行していて、そちらが収入源になりつつあったので、会社を潰さずに済みました。

２０１２年には、デイサービスでも同じような報酬下げがありました。国は「分かりやすく利益の出ているところ」を狙って法改正をしてくるきらいがあります。そういう意味では、この先、サ高住や有料老人ホームなども改正の対象になるかもしれません。そのときのために、今は別の業態にも積極的にチャレンジしています。詳しくは次の章でお話しします。

起業後しばらくは一つの事業に特化するとよいですが、それだけに依存していると一気にピンチに追い込まれるリスクがあります。ある程度、事業が軌道に乗ってきたら、２本目３本目の柱を立てることがリスクの分散になります。

# 第5章

## 会社を大きくするには時に挑戦も必要

超慎重にタイミングを読み事業拡大に臨む

## 勝負どころで勝負するための身の丈経営

資金的に余力を残して経営していると、その時々で波はあっても、よほどの大波荒波でない限り、転覆しないで凌いでいけます。つまり、安定経営が成り立ちます。

ビジネスモデルが確立し、恒常的に利益が上がってくれば、いよいよ会社を大きくしていくタイミングの到来です。わが社は今ちょうどこの「事業拡大」の時期にあたります。

これまでむちゃをしない身の丈経営を地道に続けてきたのは、ここで一気に花開くためです。大地に深く根を張り、太く丈夫な幹を伸ばして、開花のための準備は十分です。あとは枝葉を伸ばして大きな花を咲かせるのみ。

どの方向に枝葉を拡げていくかは、「勝負どころ」の見極めと「チャンスを逃さない決断力」が肝心です。

わが社の事業拡大の方向性は、1つめは介護施設数を増やすこと、2つめは介護の周辺事業への進出、3つめは海外展開です。

介護施設の増設は、新規で施設を建ててオープンすることも行いますが、メインはM&Aを行っていきます。

介護の周辺事業については、介護の人材派遣や、自分たちで食材を調達する仕組みづくり、福祉用具販売会社の買収などを考えています。

先日も介護機器の仕入先だった国内の会社を買い取りました。これまでは爪を削る道具（高齢者は巻き爪が多く、普通の爪切りでは手入れできない）や、ターボセル（腰痛防止とウエストダウンができる腰巻）などを購入していたのですが、今後は自分たちで現地調達し、コストダウンを図ります。

海外展開は、2012年頃から韓国への進出を始めていたのですが、現在は経営上の判断から撤退しています。近年中に別の国・地域へ、別のアプローチで進出することを計画しています。

## 積極的なM&Aで会社を大きくしていく

会社を大きくしていく方法の一つに、M&Aがあります。M&Aは『Mergers（合併）

and Acquisitions（買収）』の略。売りに出された会社や施設を買い取る手法です。大手では日本M&Aセンターや M&Aキャピタルパートナーズなどが仲介をしています。

介護業界では今、20床30床など規模の小さい介護施設がどんどん倒産や身売りをしています。大手は50床〜80床くらいでないとM&Aしないので、あまり買い手がつきません。なぜ小規模では魅力が低いかというと、満床になっても赤字か、利益が出ても薄いかで、事業としての旨味が少なくなりがちだからです。

人件費や設備費、食費などがかかる一方で、介護報酬の上限がだいたい決まってしまいます。例えば、食事一つをとっても、食材をたくさん購入して大勢の分をつくったほうが、一食あたりが安く抑えられます。

また、介護施設は入居者3人につき介護スタッフ一人というように、法律で人員配置が決まっています。人手がないとそもそも入居を断らざるを得ず、空床が出てしまうのです。

わが社のM&Aの対象は、次のとおりです。

- 30〜60床（床数が多過ぎると、施設長が管理できる範囲を超えてしまうため、適度

な床数が良い）
•特定施設の認可が取れるか（経営が安定するため＝詳しくは126ページ）
•立地は最寄り駅から徒歩10分以内
•高齢者が多い地域（首都圏でいえば環状七号線〜国道16号線）
•競合とは2キロ以上離れている（高齢者の取り合いになるため。テリトリーを侵さないのがマナー）

条件に適う施設や会社が売りに出されたときは、仲介会社から連絡が入ります。検討して「良い物件だ」と判断したとき、即座に買いに動けるのが身の丈経営の強みです。いつでも資金の用意はできています。

これがもし小さな事業者で資金力が弱かったり、ほぼ無名の会社だったりすると、条件を選べる立場にないことがほとんどです。そもそも仲介会社から「買いませんか」とは声が掛からないでしょう。希望どおりの物件でなくても、そこを買うしかない場合が多いのです。

立地やエリア人口などの条件が良くない物件を買っても、よほどの経営手腕がない限り再建は難しいです。結局、満床にならず倒産していくケースがあとを絶ちません。

## 借入は最後の手段。フリーキャッシュフロー内で投資する

つい最近（2019年秋）も福岡で4施設を買収しました。仲介業者からは6施設を紹介されたのですが、予算の範囲内で買える4軒に留めました。

万一のときを考えて、取引のある金融機関には「もしものときは融資をお願いします」と話し予防線を張ったうえで施設購入に動きましたが、うまく予算内に収めることができました。

フリーキャッシュフローの考え方は先にも説明したので繰り返しませんが、自由になるお金、余剰金で投資をすることによって、もし失敗した場合のリスクを小さく抑えることができます。ダメだと思ったら、経営を圧迫しないで撤退できるということです。

私の感覚では、自己資本の50％までは投資に使ってもＯＫとします。

自己資本とは、バランスシート（貸借対照表、Ｂ／Ｓ）の純資産に該当します。資本金（株主から集めた資産）と利益余剰金（事業活動で得た利益のうち社内に留保されている

貸借対照表の純資産

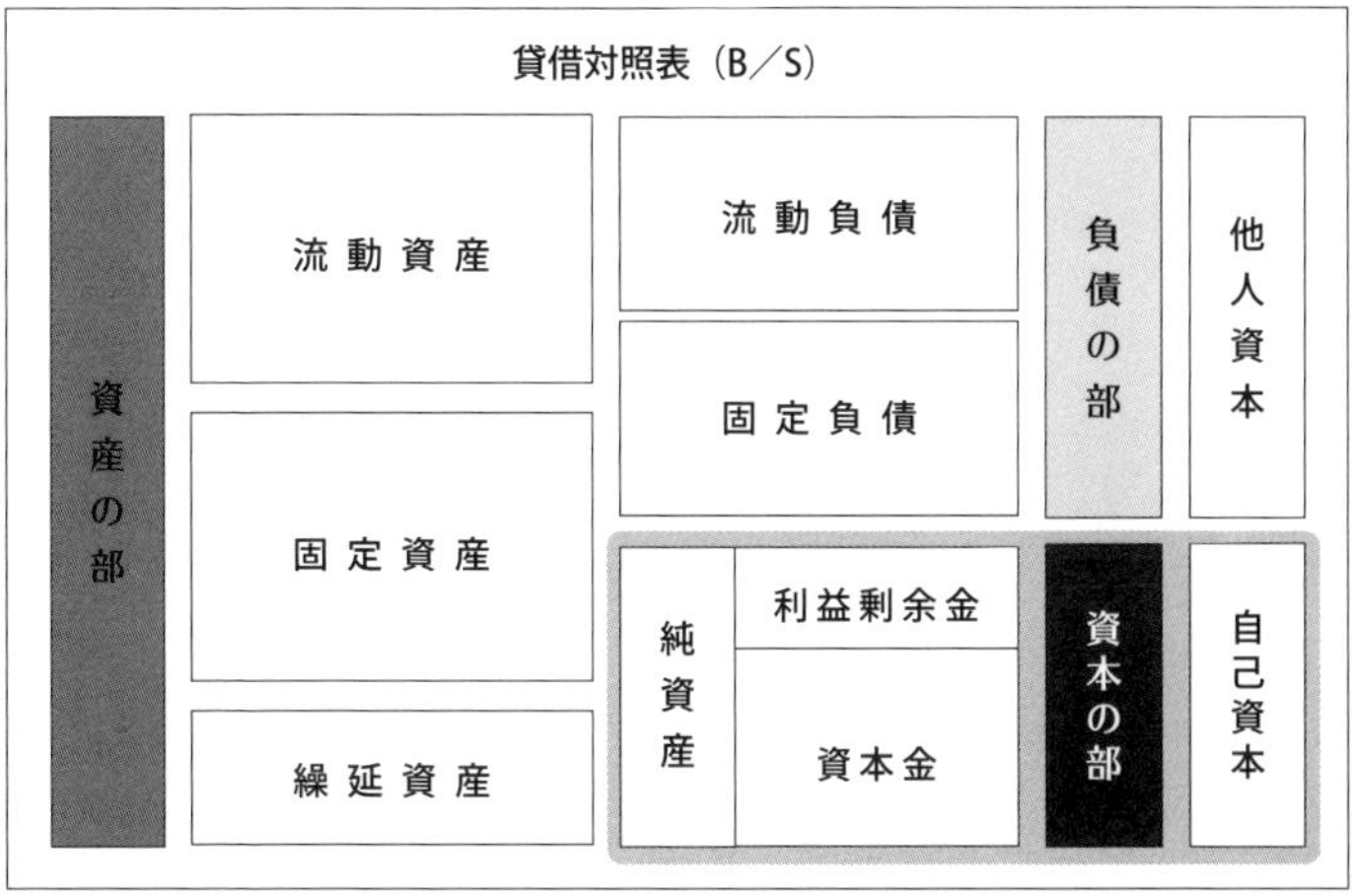


資産、内部留保ともいう）を足した金額です。

借入は最後の手段として使います。

これまでの20年間で、融資をお願いしたのは2回だけです。１回目は起業時に国民生活金融公庫から無担保で借りた５００万円。２回目は２００８年に施設数増を行い、計画どおりに入居が進まず、満床までに２～３年かかったことで資金難となり、２０１２年に取引先の金融機関に融資を依頼しました。協調融資団を４行で組んでもらい、１億７５００万円を調達することに成功しました。協調融資団とは、複数の金融機関で結成された組織です。「シンジケート団」ともいいます。

2度目の融資後は出店ペースを少し落として、年間2軒の開設としました。わが社の事業規模やマンパワーとしては、ちょうどそれくらいが「身の丈」に合っているようで、ほぼ満床を達成できています。

直近で購入した福岡の4軒を除く39軒で全1100床ありますが、入居率は92％を維持しています。この数字は業界ではちょっと驚かれる高水準です。

## 小さく試して慎重に拡大する

事業の幅や奥行きを拡げようとするときや、新しいことにチャレンジするときは、「小さく試す」ことをお勧めします。投資が小さければ失敗しても小さいので、本体を脅かす事態には至りません。小さく試してうまくいけば、次は投資額を増やして本格的に進出していけばよいでしょう。

小さく試した例としては、2012年～2019年まで韓国で老人ホームをやりました。

韓国も高齢化が急速に進んでおり、将来的には高齢化率で日本を追い越すといわれています。これから介護ビジネスが需要を伸ばすため、試験的に9床の小さな施設を買って運営してみましたが、採算がトントンでした。50床規模ならどうかとシミュレーションしたところ、投資金額と収益リターンが見合わないことが分かり、断念しました。

国が変わると法律や制度が違います。韓国の「老人長期療養保護制度」は、日本の介護保険制度をもとに、自国の事情に合わせて作られました。日本の介護保険制度との共通点も多く、自分たちのノウハウが通用するのではないかと思ったのですが、やはり細かな部分での制約が違ったり、介護報酬の仕組みや割合が違ったりなどします。

6年ほど運営しましたが、「現状のビジネスモデルではリスクが高い」「一度リセットして改良が必要」との結論に至り、今は韓国から撤退しています。

もう一つ、試験中のビジネスとしては、2019年秋から福岡で、訪問看護と訪問介護を提供するサ高住を新たに始めました。

訪問看護では緩和ケアや終末期医療を提供します。ホスピスをイメージしてもらうと分かりやすいと思います。また、急性期病棟とリハビリ病棟の中間（亜急性期病棟）的なサービスも提供します。命の危険は取り除かれたものの、まだ治療が必要で本格的にリハビリを始めるには早いという段階の人たちを対象にしたサービスです。ホスピスも亜急性期病棟も現状では数が足りず、今後ニーズが急増すると目されています。

サ高住や有料老人ホーム、グループホーム、デイサービスなどこれまでやってきた介護施設との大きな違いは、２つあります。医療的ケアをメインに介護も提供する点と、利用者は高齢者だけではない点です。

緩和ケアや終末期ケアでは末期がんの人やＡＬＳ※などの難病の人が入居しています。

※筋萎縮性側索硬化症。運動ニューロン（運動神経細胞）が侵される病気で、徐々に身体が動かなくなっていく難病です。呼吸筋や嚥下機能が侵されると、中心静脈栄養や人工呼吸器、頻回な痰の吸引などが必要になります。

経営的には、看護と介護の両方を提供することになり、24時間オンコールで対応（看護師が夜間も常駐）するので、入居者１人あたりの報酬が介護施設より高くなります。サ高住の最も報酬の高い人で30～35万円ですが、福岡の場合は50万～70万円くらいになる算段です。

問題は、医療分野なので報酬の仕組みが変わってくることと、介護士と看護師を法定人員に則って絶やさずに配置できるかです。これまでのノウハウを超えて、より複雑になるので、勝算は今のところ半々といったところでしょうか。

福岡から今後上がってくるデータをもとにビジネスモデルが描ければ、その先は全国展開を考えています。

## 海外展開を視野に入れて活路を拓く

海外展開については韓国からは撤退をしましたが、国外への進出そのものを諦めたわけではありません。今後は自分たちが出ていって施設運営を行うのではなく、「培ってきたノウハウを輸出する」ことを考えています。

先日も中国のハルビンに行ってきました。ハルビンは満州のさらに北、ロシアとの国境にあります。

来訪の理由は、ハルビンでバーガーショップのチェーン展開をしている会社が、うちに出資したいと言うので行ってきました。トップとの会談では、今後は介護施設もやってみたいと考えているようです。

私はコンサルタントとして関わっていくことになるでしょう。向こうには介護保険制度がないので、富裕層向けのシニアホームになるのではないでしょうか。中国には日本の倍以上の富裕層がいますから、うちのノウハウを応用して成功してほしいと思っています。

私が海外展開に取りかかっているワケは、国内は２０４０年をピークにマーケットの縮小傾向が始まると読んでいるからです。

これから団塊の世代が後期高齢者の仲間入りをし、その先には団塊ジュニア世代（１９７１年～１９７４年生まれ）が待っていますが、それが過ぎれば高齢者の総数は減っていきます。そうなれば介護施設が余ることになり、おのずと淘汰が始まるでしょう。

一方、海外に目を向ければ、これから高齢化や超高齢化が始まる国がずらっと控えています。そういう国々に対してコンサルティングができれば、わが社は国内で規模縮小したとしても活路があります。世界的な介護ブランド企業になれる可能性も十分あると考えています。

今はそのために海外向けのノウハウを整備しているところです。

## 社会に必要不可欠な企業になる

私が思い描く理想の社会は、「すべての高齢者が安心して生活でき、いきいきと人生を全うできる社会」です。その実現のために、今の会社をつくり大きくしてきました。

国は在宅での介護や看取りを推進していますが、核家族化で介護の担い手がいないとか、高齢者が高齢者を介護する「老老介護」の限界、そもそも家族がいないなどの事情を抱えた人はたくさんいます。近くに家族がいても「身内に介護の世話をかけたくない」と考える人も少なくありません。

そういった現状を踏まえると、サ高住や有料老人ホームなどの入居型施設は今後の日本社会にとって、より欠かせない存在になっていきます。

一生住み続けられる「住まい」としての快適性や安全性と、必要なサービスを必要なときに受けられる「介護の提供」を兼ね備えた施設を首都圏・都市部につくることが、私にできる最も確かな社会貢献だと自負しています。

貢献は高齢者のためだけではありません。安心してプロに介護を任せられることは、高齢者の周りの家族にとっても大きな支えになります。

介護疲れによる介護うつや、親の介護のために退職（いわゆる介護離職）して生活に困窮してしまう子、介護での虐待、先の見えない介護や負担の大きさに絶望して無理心中を図る家族……など、家族が介護を抱え込むことで起こる問題や悲劇があります。そういう悲しい出来事をなくすためにも、私たちのような事業者がお役に立てると考えます。

介護から解放されることで、家族は心に余裕を持って自分たちの生活をしていけます。そして、笑顔で施設まで会いに来ることができます。高齢者にとっては人生の最後に家族に疎まれたり負い目を感じたりすることなく、良好な家族関係を保ったまま暮らしていけます。

そういう平穏がどの家庭にも訪れることが、私の願いであり目標です。

## ユニコーン企業を目指す

起業して10年で企業価値（時価総額）が10億ドル（1000億円）を達成する非上場企業を「ユニコーン」といいます。スタートアップ企業でそれを達成できるのは極めて稀有なことから、西洋の神話などに出てくる空想上の一角獣ユニコーンになぞらえたものです。

ちなみに、100億ドルでデカコーン、1000億ドルでヘクトコーンになります。

ユニコーン企業の例は、アメリカの配車サービス会社「ウーバー（Uber）」や、民泊で話題の「エアビー&ビー（Airbnb）」などがあります。日本では、AIのディープラーニングを手掛ける「プリファードネットワークス（Preferred Networks）」があります。

調査会社CB Insightsが世界のユニコーン企業について調べたデータ（2018年3月報告）によると、全世界でユニコーン企業はたったの237社だけ。国別で見ると、アメリカが118社で第1位、次いで中国の62社、イギリスの13社、インドの9社となっています。


私の会社でもユニコーン企業を目指しています。すでに創業から20年になるので、ユニコーンの定義からは外れているのですが、これからでも時価総額1000億円を目指します。

先にも少し触れましたが、私は起業のときから「上場」を一つの目標にしてきました。

上場するには、会社の知名度、事業規模、利益率、企業としてのガバナンスなどを兼ね備えることが条件になります。それを達成できたら、介護業界でパブリックな企業になれるのです。

社会にとって必要不可欠な存在であるだけでなく、介護業界全体を牽引できるような企業でありたい。それが今後の目標です。

具体的な数字を挙げると、今年度（２０２０年度）の売上は約50億円になる見込みです。２０２２年には70億円（利益10億円）になるとともに、株式上場を実現させます。２０２５年には１００億円（利益15億円）で、時価総額５００億円。２０４０年には時価総額１０００億円で、ユニコーン企業となっている予定です。

実は、同じ介護事業者で、売上50億円（利益5億円）、時価総額７００億円でマザーズ上場をしている会社があります。この数字を参考にするならば、わが社の上場も決して無謀な夢ではありません。

これまで自分で思い描いてきたビジョンは、少しずつですが着実にかたちにしてきました。ならばこの先も実現していけるはずです。

いや、今の歩みを止めることなく、さらに気を引き締めて努力を続けていけば、必ずや目標を達成できるものと自分自身に誓っています。

# 第6章

# 地道でも必ず成功する経営者になるために

ここからは、私がこれまでの人生で学んだことや、経営者として大切にしてきた哲学などについてお話しします。

これから経営者の仲間入りをする読者にとって、心構えのヒントになればと思います。くじけそうになったときに思い出して支えになったり、疲れたときにパワーを盛り返したりするきっかけにもなるかもしれません。私なりの皆さんへのエールとして読んでください。

## 人生四毛作

昔は60歳定年が当たり前で、100歳まで生きる人はほんの一握りでした。しかし、第1章でも述べたとおり、日本人の寿命は今も伸びていて、人生100年時代が誰にとっても身近になってきています。

私は「人生四毛作」を前提にライフプランを考えています。誕生~成人で一毛作、成人~40歳で二毛作、40歳~60歳で三毛作、60歳~80歳で四毛作、それ以上が余生という考え方です。

学生時代は勉学、野球やゴルフ、スキーなどのスポーツに励みました。おかげで、強い心と頭と身体に鍛え上げることができました。

社会人になってからは、将来の起業を見据えてサラリーマンとして働き、さらに貪欲に勉強しました。さまざまな経験や知見を積んで力を蓄えたことで、念願の起業を実現することができました。

起業してからは、身の丈を超えない堅実なビジネスを徹底してきました。最初の10年でしっかり足場を固めたことで、会社は大きな危機を迎えることなく、少しずつではありますが大きくなりました。

今は四毛作目の半ばに当たります。直近の10年ではそれまでに蓄えた力をもとに、事業の幅にも広がりが出てきましたし、収益の規模もどんどん大きく成長しています。「介護業界でトップを目指す」という目標も、絵空事でなく現実可能な夢になってきた実感があります。これからの10年で会社や経営者としての自分が、どれくらい成長できるか楽しみです。

第一線を退くときが来たら、どんな気持ちがするのでしょう。自分でもまだ想像がつきませんが、誇りと達成感をもって退けるよう、なおいっそう気合を入れて頑張りたいと思います。

## 継続的な努力

自分がやり始めたことは、とことんやり抜くことを私はモットーにしています。

失敗しても諦めないでやり続ける。

「どうすればうまくいくか」の作戦を練る。

鍛錬を繰り返して成功に近づく。

そうやってここまで来ました。読者の皆さんに言えることは、「諦めずに努力する限り、成功する可能性はある」ということです。大きな業績を残し、財を成した経営者たちの中にも、数々のスランプやピンチを乗り越えてきた人が多くいます。

スランプやピンチは渦中にいるときはつらいですが、乗り越えたとき自分自身が数倍強くなっていることを実感できます。そうやって人はみんな強くなっていくのです。

経営では避けられるピンチは避けたほうがいいことが多いですが、避けきれないピンチには堂々と向き合ってください。不断の努力を続ければ、きっと分厚い壁にも風穴が開きます。

## 任せて任さず

私は幹部たちには「自分が社長だと思ってやりなさい」と常日頃から言っており、施設運営などになるべく口を出さないことを心掛けています。しかし、目と心は彼らから離しません。道を間違えそうになったときや「これはいけない」と思ったときは、もちろん注意や指導をしますが、そうでない限りは基本的に自由にしてもらうのが、トップとしての私のスタイルです。

この「任せて任さず」のスタイルは、距離感やタイミングが結構難しいものです。部下に仕事を丸投げすることは簡単ですが、それでは失敗が多くなったり風紀が乱れたりしがちです。また、あれこれ口を出し過ぎると、それぞれの意欲や自主性、積極性、長所などを伸ばすことを阻んでしまいます。

凧を飛ばすのと似ているかもしれません。凧は風を受けて自由に大空を泳ぎますが、そこには細い糸がついていて、風の強さや向きに合わせてコントロールをすることができます。放任は凧の糸を離してしまうこと。凧は勝手にどこかに飛んで行ってしまうでしょう。凧自身がコントロールされていることに気づかないくらい、自然に糸を操るのが「任せて任さず」の極意です。その絶妙な距離の取り方やコントロール法は実践で慣れていくしかないと思います。

## 成功するまでやり抜く

私は物事がうまく進まないとき、「まだうまくいっていないだけ」と思うようにしています。途中でやめてしまうと完全に失敗になりますが、続けているうちは打開できるチャンスが活きています。

「まだうまくいっていないだけ」というふうに考えるようにすると、「今はいろいろあっても最終的にはうまくいくんだ」と意識が前向きになってきます。すると、「よし戦うぞ」と闘志が出てきます。

「どうせ続けてもうまくいきっこない」とは考えないこと。自分がうまくいかないと思ってしまうと、周囲にもそれが伝播します。経営者がそういう気持ちでいると、従業員たちのモチベーションも下がってしまうのです。だから、私はピンチのときも、できるだけ前向きな言動を心掛けています。

## 耐え忍んで初志を貫徹する

経営において「一本筋を通す」というのはとても大事なことです。私の場合でいえば「介護ビジネスでやっていく」「株式会社としてやっていく」「ＩＰＯを達成する」というのは最初に打ち立てた方針で、そこからブレることはいっさいやってきていません。

自分が最初に「これをやる」と決めたことを、ふらふら変えることは会社を危うくします。あっちが良さそうだと思って寄っていき、こっちがよさそうだと思って鞍替えし……というのでは軸がなく、力も分散してしまうからです。

それに、そういうポリシーのないビジネスは、いくら表面的には見栄えよく飾っても、賢い消費者（優良顧客）には選んでもらえません。「あ、こいつ底が浅いな」「なんだか中身が薄っぺらいな」「本物じゃない」と見抜かれてしまうからです。

軸足を固めておけば、少々の揺れには耐えられます。大地にがっちり根を張り、太い幹になることを目指せば、おのずと会社はピンチに強い体質になっていきます。

## いっそう気を引き締め、異変に備える

ビジネスでは「好調の波に乗る」ことが事業を大きくしていく弾みになります。しかし、その一方で、物事が好調に回っているときほど、自分の力を過信したり注意を怠ったりして足元をすくわれがちです。

私も最初の介護ショップ事業が軌道に乗り、サ高住を年間数軒建てて堅調と思われたとき、出店場所などの調査が甘く、4軒建てて足元をすくわれかけました。身の丈を一瞬忘れて先を急いでしまったのです。

また、自分が好調だからといって強引に前進すると、従業員の能力や気持ちを置き去りにすることが多くなり、大切な戦力を失うことにつながります。気がつけば、自分が裸の王様になっていて、周りに誰もいなくなっていた……という悲劇も起こり得ます。

私は物事が前向きにいきだしたとき、改めてリスクを洗い出して、落とし穴にはまらないようにしています。「このやり方で本当に大丈夫か」「進む方向は正しいか」「みんなの

気持ちが一つになっているか」「お金は足りるか」など。

そうやってリスクを一つひとつ見直すと、「あ、こんなところに不備があった！」と盲点が見つかることがしばしばあります。

また、軌道に乗り出してからもしばらくは気を抜きません。最初は見えなかった小さなミスやズレが、大きなミスやズレになって表面化してくることがあるからです。目を離さずに見ていることで、小さな異変に気づくことができ、問題が大きくなる前に対策をすることができます。

## 目標を達成する情熱

ひたむきに一つのことを追求するには「情熱」が大切です。

アメリカの実業家であり詩人のサムエル・ウルマンは、「青春」という詩でこう言っています。

**青春　サムエル・ウルマン　宇野収、作山宗久訳**

青春とは人生のある期間ではなく
心の持ち方をいう。
バラの面差し、くれないの唇、しなやかな手足ではなく
たくましい意志、ゆたかな想像力、もえる情熱をさす。
青春とは人生の深い泉の清新さをいう。

青春とは臆病さを退ける勇気
やすきにつく気持ちを振り捨てる冒険心を意味する。
ときには、20歳の青年よりも60歳の人に青春がある。
年を重ねただけで人は老いない。
理想を失うとき　はじめて老いる。
歳月は皮膚にしわを増すが、熱情を失えば心はしぼむ。

苦悩、恐怖、失望により気力は地にはい精神は芥（あくた）になる。
60歳であろうと16歳であろうと人の胸には
驚異にひかれる心、おさな児のような未知への探求心
人生への興味の歓喜がある。
君にも我にも見えざる駅逓が心にある。
人から神から美、希望、よろこび、勇気、力の
霊感を受ける限り君は若い。
霊感が絶え、精神が皮肉の雪におおわれ
悲嘆の氷にとざされるとき
20歳だろうと人は老いる。
頭を高く上げ希望の波をとらえるかぎり
80歳であろうと人は青春の中にいる。

産能大出版部『「青春」という名の詩―幻の詩人サムエル・ウルマン』

青春は年齢ではない、目標を失ったときに老いる――その言葉が私の心に刺さります。私の青春はまだまだ続きます。人生のラストまで「青春ど真ん中」でやっていけたら幸せです。

読者が20代30代なら、まだ青春は始まったばかり。40代でもまだ折り返し地点です。チャンスは散らばっていて、やり直しもできる。どうぞ怖がらず慢心せずに、青春を謳歌しましょう！

## プラスを見つける「心の目」

見方を変えると、まったく異なる別の像が見える絵のように、物事にはいろいろな側面があります。プラスに思えることにもマイナスの側面があったり、その逆だったりします。

物事が順調にいっているプラスのときは、リスク（マイナスの側面）に気を配ります。反対に、不調のときはプラスを探して思考を前向きにします。

先程挙げた「まだうまくいっていないだけ」というのもそうですが、マイナスの出来事のなかにも探せば必ずプラスの芽はあります。

分かりやすい例として私の経験をお話しすると、三度の不法侵入、盗難に遭いました。一度目は、会社に出勤してみたら、駐車場に止めてあった複数の車のナビが全部盗まれていました。二度目は、窓やドアを壊して社内に侵入され、金庫にあった現金が盗まれていました。三度目は、事務所のパソコンをすべて持っていかれました。

一度目のときは、近所で窃盗団が出没しているという話を聞いていたのでセキュリティーには注意していたのですが、プロが盗む気になれば強引にセキュリティーをぶち破って盗んでいきます。二度目、三度目はいまだに犯人が分かっていません。

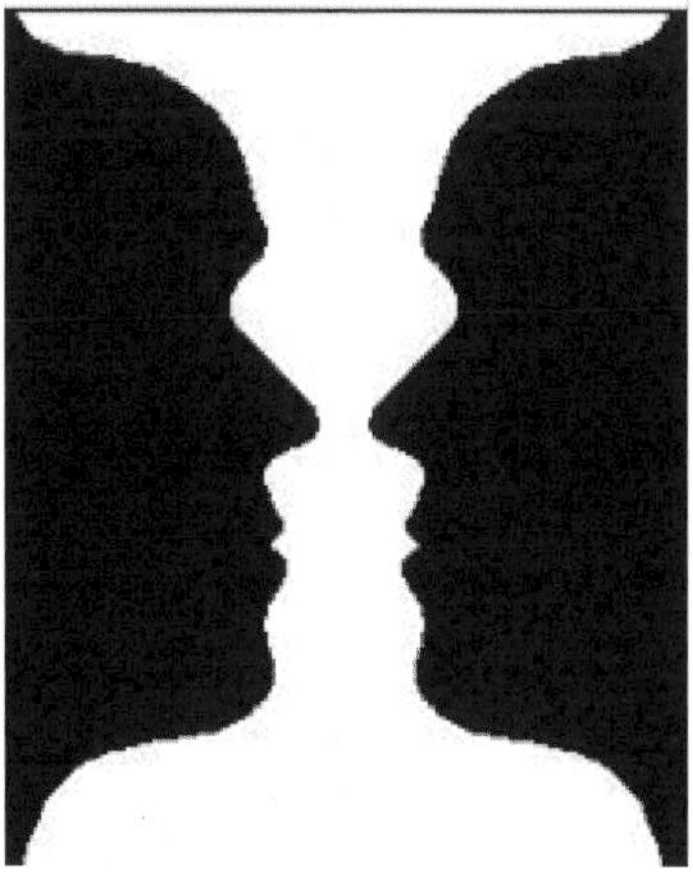

そのときはショックでしたが、すぐに「落ち込んでいてはいけない」と思い直しました。トップの私が暗い顔をしていても何も解決しません。「起きてしまったことは仕方がない」と気分を切り替えました。よくよく考えてみれば、ナビもパソコンも買い替えができます。盗まれたパソコンに入っているデータはバックアップが取れていました。何よりも良かったのは、不在時に襲撃されたことで入居者やケアスタッフに誰一人ケガ人を出さずに済んだことです。

こんなふうに不幸中の幸いがたくさんありました。そうやって幸いのほうに目を向けていると、自分たちはラッキーだったと思えてくるから不思議です。

失敗や痛手のなかにもプラスを見つけることができる経営者は、強いです。

## 一国一城の主になれ

どうせ一度の人生なら「一国一城の主を目指せ！」と、読者の皆さんには発破をかけたいと思います。

経営の醍醐味は、すべてを自分で采配できること。城を一から築く面白さがあります。

どこに、どんなかたちの城を築くかは、あなた次第です。

天下統一を成し遂げようとした戦国武将、織田信長は、琵琶湖東岸に安土城を築きました（現在の滋賀県近江八幡市安土町下豊浦）。

奇抜で新しいもの好きで、人とは違った感性を持っていたといわれる彼が、どんな城を築いたのか、最近の研究によって分かってきたそうです。

それによると、安土城の天守閣は7層建てでした。普通、天守閣は外敵の侵入を見張ったり、戦時に必要となる武器や食料などを備蓄したりする目的で作られますが、安土城の最上階はなんと、信長自身の居宅として使われていたというではありませんか。

しかも、城内の道は普通は敵の侵入を阻む目的で細く曲がりくねって作るのが常套ですが、安土城には籠城用の井戸や石落としなどの設備が少ないうえに、大手門から幅6メートル、長さ180メートルの道がまっすぐ続いており、その先に天守閣がどんと構えています。

まるで「敵の侵入など知ったことか！」「来るなら来い、いくらでも戦ってやる！」と言わんばかりの築き方です。敵の脅威よりも、自らの存在の偉大さをアピールしたかったのだと考えると、気性が荒く自信家だったという、私たちのなかにある「信長像」を裏切りません。

私も、私なりの城を築いている最中です。今は城全体の50％ができたあたり。入念につくってきたおかげで、どっしりと強い城になってきたと自負しています。これからもっともっと力を注ぎ、確実に完成に近づけていきます。

## 無借金経営

「他人のお金に頼らない経営」をモットーにしてきたことは、これまでお話ししてきたとおりです。なぜ無借金にこだわるのか——。

私のなかで、他人のお金でビジネスをするということは、他人のふんどしで相撲を取るのと同じ感覚です。他人の力を利用して自分自身を底上げしているので、自分の本当の力ではないと思ってしまいます。

私は正々堂々と「等身大の自分」で勝負がしたいのです。

もちろん借入は合法的な手段であり、決して後ろ指をさされることではありません。経営戦略として有効な場面は当然たくさんあるでしょう。ですから、借金があるからダメな経営者、無借金だから良い経営者というわけでもないのです。

ただ、自分のお金で勝負すると本気になれますし、何より自分自身が気持ちが良いです。仮に負けても、他人に迷惑がかからないというのも気楽です。

## 勝負どころではレバレッジを効かせる

無借金経営がモットーとはいえ、会社がある程度まで大きくなって、さらに事業拡大をしようとする場合には、自己資本だけでは間に合わないこともあります。投資に十分な自己資本が貯まるのを待つのも一つの手ではあるでしょうが、そうすると好機を逸してしまうリスクが出てきます。そうした場合には、融資を受けるのがベストな手段になるでしょう。

ケインズ経済学（マクロ経済学）では、レバレッジ（借入金、テコの原理）を効かせて自己資本を高める手法が有効とされます。ここぞというタイミングで上手に他人資本を投入できれば、自己資本に対する利益率を数倍、数十倍に伸ばすことが可能になります。

わが社はいよいよIPOが射程圏内に入ってきており、いよいよテコの原理を働かせるべき時機に来ています。ここから先は適宜、他人資本も活用しながら次の局面に打って出たいと考えています。

## 苦しいときこそ初心に返る

サ高住を始めた当初、入居が進まず悩んだことがあります。そのとき、くじけないで満床を目指して営業ができたのは、「仕事が好き」「社会貢献がしたい」「会社を強くしたい」という気持ちを失わなかったからです。

苦しいときには、起業した当時の気持ちを思い出すとよいでしょう。

なぜ、サラリーマンを捨てて起業家になったのか。

なぜ、このビジネスをやりたかったのか。

起業を通して何を得たかったのか。

それを思い出したとき、再び心にパワーが湧いてくるのを感じるに違いありません。

「よし、もう一度頑張ろう」と仕切り直して、一歩を踏み出せます。

## 起業して良かった!

この年になって改めて思うのは、起業して良かったということ。

もしサラリーマンを続けていたら、今頃どうしていたでしょう。定年退職して気ままな生活を送っているのでしょうか。あるいは、ますます元気で、趣味の仲間と集まってゴルフやクルーザーに興じているでしょうか。

それはそれで楽しそうではありますが、「経営の面白さを知れて良かった」というのが本音です。経営は思っていた以上に私を引きつけ、人生を豊かなものにしてくれました。

起業したからこそ学んだ多くのこと、出会った人との縁、苦労の代わりに手にした満足感や達成感、有意義に生きるということ、そして、後世に受け継ぐ会社や業績――すべてのものに感謝の念が尽きません。

## 生涯現役の心意気

私は根っからの仕事人間です。「明日から会社に来なくてもいい」とか「家でじっとしていて」などと言われたら、きっと自分を持て余して困ってしまうでしょう。だから、定年退職して悠々自適の生活というのは、自分ではイメージができません。家でテレビとにらめっこしているのだったら、会社で決算書とにらめっこを選びます。

そういう私ですから、今の会社でも生涯現役を目指しています。ただ、前にも少しお話ししましたが、遅くとも5年後（2025年）には社長を後継者に譲りたいと思っています。社長を退いたあとは、ＣＥＯか会長にでもなって経営を裏で見守っていくでしょう。

病気の話と孫の話しかできないような老後は過ごさない！ 80歳90歳になっても「未来」を語ってみせる！ と、ここで決意表明しておきます。

## リフレッシュできる趣味を持つ

以前はゴルフにはまっていて、千葉の自宅もゴルフコースの近くに買いましたが、12年前からはクルーザーにはまっています。中古のクルーザーを買って、1級船舶免許も取得し、週に1回は妻を乗せて海に出ています。

海上をかっ飛ばすと、何も考えず気分爽快になれて、次の1週間の鋭気が養えるのです。ゴルフはコースを回るのに1日かかりますが、クルーザーだと半日で戻って来られるので、残りの半日は仕事ができ、今のライフスタイルには合っています。

ただ、最近はお気に入りのクルーザーも年季が入って、エンジントラブルなども出てきたため売却も検討中です。クルーザーを手放したら、次は何をしようかと今から考えています。

どれだけ仕事が好きな人でも、仕事だけでは疲れてしまうし、新しい発想も生まれにくくなってしまいます。ときどき仕事を離れて頭と気分をリフレッシュして、チャンネルを切り替えることが思考や行動を停滞させないポイントです。

## 創立20周年を迎えて～ケアスタッフの皆さんへ～

さて、ここまでは起業という視点を中心にお話をさせていただきましたが、起業というのは会社を作って終わるものではありません。さらに起業は自分の頑張りでできますが、起業後はむしろ従業員の皆さんに支えられる部分が圧倒的に大きくなります。その従業員の皆さんに支えてもらうためには、給与だけではなく、会社が成長していくためのロードマップを示してあげなければなりません。特に２０２０年、新型コロナウイルスの感染拡大により、緊急事態宣言の発令という未曾有の事態にある今こそ、それを伝えるべき時と考えます。

ここからは、私が今後の会社のあるべき姿と成長のロードマップを従業員にどのように会社で伝えているのかをお話ししてみたいと思います。

２０００年1月に株式会社レイクス21を設立して、２０２０年1月で20年になりました。これまでも順調な時期、停滞した時期、波乱の時期などがありましたが、振り返るとやはり順調な時期よりも苦労した時期を思い起こします。

介護施設を一度に4カ所開設し、なかなか入居が進まなかった時には、倒産の危機までは行かないにしろ、先行きの不安感を持ったものです。また、数度の盗難事件に見舞われたり、度重なる誹謗中傷に晒されたり、職員の集団離職も何度か経験しました。さらに、介護保険制度上の問題で、行政の指導を受けたこともありましたが、ケアスタッフの皆さんの頑張りや、お取引先や利用者さまたちに支えられ、これらの数々の荒波を乗り越えて、こうして20周年を迎えることができました。

この節目の時にあたり、ケアスタッフの皆さんにいくつかお話ししておきたいことがあります。1つめは、会社のこれからについてのビジョンです。2つめに、ビジョンを実現するための私の決意、そして、3つめがケアスタッフの皆さんとの約束です。

まず、会社のこれからについて述べます。

わが社は昨年秋に九州の介護施設4カ所を取得し、210床、ケアスタッフ150名が新たな仲間として加わりました。これにより、2021年3月期には全体で1220床、ケアスタッフ1100名、売上高50億円、経常利益5億円の企業へと成長します。そして、

2022年の株式公開を目指します。

株式公開に向けた取り組みとして、今年は企業価値をさらに引き上げ、介護業界におけるトップレベルの給与水準を目指します。そのために、新たな介護システムの導入、パソコンの入れ替えも含めたシステム環境の整備、働き方改革を念頭においたさまざまな業務改革を進めていきます。

また一方で、法令を遵守しつつ、「利用者さまのための介護」に引き続き取り組んでいきます。ケアスタッフの皆さんも当社の企業理念である「安心・安全・思いやりの介護」を改めて心に刻み、日々の介護に励んでください。

次に、企業価値の向上、株式公開という目標を達成するために、私が社長として何をしていくか、その決意をお話しします。

これまでも数々の困難、試練のたびに周りの人たちに助けられ、私自身も努力しながら、なんとかここまで事業拡大を続けてきましたが、今はかつて経験したことのない大きな難局に立っています。昨年末に中国・湖北省武漢で発生した新型コロナウイルス（COVID-19）によって、日本のみならず世界が感染の危機に直面しています。

欧米ではオーバーシュート（感染爆発）から医療崩壊が起こりました。医療者のマンパワーや、病床、救命機器の数などの問題をめぐって、命の選択をしなければならない事態も起こっています。ロックダウン（都市封鎖）によって市民の生活が大きく制限され、経済活動も停滞・停止しました。倒産する企業があとを絶たず、失業者が市中に溢れている国・地域も少なくありません。

日本では2000年以降、リーマンショックや東日本大震災、大雨や台風による被害など多くの苦境がありましたが、今回の新型コロナウイルスによるパニックはそれらをも凌駕する、はるかに巨大な荒波です。

この未曾有の嵐をいかに掻い潜り、生き抜くか。社長としての私の舵取りが、わが社の命運を大きく分けることになるでしょう。

実際、ほかの介護施設や病院でクラスター現象（感染者の集団感染）が発生しており、当社の施設でもいつ感染者が出てもおかしくない状況です。下手をすれば事業停止、廃業の恐れもあります。

この喫緊の問題にあたり、私はここに自らの経営者としての覚悟を宣言いたします。

社会的混乱、世界的危機の場面でこそ、企業の強さが試されます。私はこの戦いは半年や

1年では終わらないと考えています。仮に数カ月単位で続けば人員の増員が必要になります。（施設が半分閉鎖状態になっても2年は運営できる資産を確保していますが）数年単位で続けば新たな資金の手当てにも取り組まなければなりません。もちろん、ケアスタッフや利用者さま、お取引先等の生命や健康、生活を守るためのさまざまな施策は、最優先に行っていきます。

具体的に着手した取り組みでは、例えば、感染抑止のために本社にテレワークを導入しました。本社スタッフを2班に分けて隔日出勤にすることで、片方の班に感染者が出てももう片方の班で業務が回せるようにリスクヘッジを整えました。

また、自宅待機になった場合でもテレワークができるよう、本社のパソコンにアクセスできるリモートシステムやウェブ会議ができる仕組みを構築しました。こうした業務改革はコロナが収束したあとも本社機能の効率化に役立つものと考えます。

施設長には集団感染発生時をシミュレーションしての問題点・課題の洗い出し、現場の声の吸い上げ等を指示しました。こうした報告を反映することで、会社としての対策やルール化を行い、各現場での対応が混乱なくスムーズに行えるようにします。

百年企業といわれる会社は何度も大きな荒波に打ち勝って、たくましく成長を遂げてきたのです。私は今回のコロナショックをマイナスばかりとはとらえていません。本文にも書きましたが、マイナスのなかにもきっとプラスの種子は隠れています。コロナショックは会社の危機管理意識を高める機会であり、困難に立ち向かうことで全員の心を一つにする訓練でもあります。

このコロナショックを脱することができたとき、スタッフ同士の結びつきはより固いものになり、会社は今の何倍もたくましく強くなっているはずです。いえ、必ずや皆さんの健康と雇用を守って、「あの時は大変だったね」と穏やかに語り合える日を迎えてみせます。今はその日を固く信じ、前を向いた強い意思（Go A Head：ゴーアヘッド）で私についてきてください。

最後に、私から皆さんに次の３つのことをお約束します。

①賃金のベースアップを数年以内に業界トップクラスに引き上げます。また、２０１９年10月から特定事業者加算、特定処遇改善加算の制度の導入で賃金の積み上げを行うほか、決算後の経常利益の数パーセントを賃金に還元します。

②人手不足や働き方改革などの労務問題の根本には、介護職の雇用の不安定があります。その対策の一つとして、中国・モンゴルなど海外からの採用を定期的に継続します。そして、会社全体でダイバーシティー経営（多様化を受け入れ、すべての人に働きや

すい職場にする）に積極的に取り組んでいきます。

③２０１９年10月に、三井住友銀行・千葉銀行より発行する私募債の金利の一部を千葉の城西国際大学に寄付しました。これにより、新卒者の採用の道を拓き、雇用の安定を実現します。

ここで述べたビジョンや約束を実現可能にするためには、私自身が今まで以上に経営者としてのあり方を突き詰め、人間性や知識、哲学などあらゆる要素を高めつつ、常に経営トップの自覚を持って、臨機応変かつ慎重に歩みを進めていきます。

ただ、私一人の努力だけでは会社は良くなっていきません。やはり皆さんの協力があってこそ、会社として強く大きくなっていけるのです。また、それぞれが異なる能力や個性を活かすからこそ、世の中の多様なニーズに応えて、幅広くきめ細やかなサービスを提供していけるのです。そのために、それぞれがお互いの個性や能力、役割を尊重し、助け合いながら進んでもらえればと思います。

繰り返しになりますが、わが社が２０２２年の株式公開を目指すには、創立20年目にあたる今年が勝負の年になります。緊急事態宣言という未曾有の事態下ですが、よりいっそうの慎重さと向上心と他者への思いやりを持って日々の業務に当たってください。

全社一丸となってさらに気を引き締めて前進するため、3つの課題をみんなで共有しましょう。私も含めたみんなの今年の宿題です。
①コーポレートガバナンスの強化（内部統制を図り、会社のルール遵守を！）
②コンプライアンスのさらなる整備と周知徹底
③虐待、身体拘束の根絶

2020年を節目として、次の10年20年、さらにその先へと、後退することなく未来を築いていきましょう。

すべての人が安心して老後を迎えられる社会になるために、私たちができることはまだまだたくさんあるはずです。

最後に、私の好きなこの言葉を皆さまにお伝えしてメッセージを終わりたいと思います。

中国・明代の書『菜根譚』の一節「人定まれば天に勝ち、志一なれば気を動かす」（人々の気持ちが定まれば天変地異にも耐えられる。全員の思いが一つになれば全体の動きを変えられる。）

# おわりに

アメリカでは30歳でリタイアする人「ＦＩＲＥ族」が増えているといいます。ＦＩＲＥ族は、Financial Independence, Retire Early（財政的に独立した早期リタイア）の略。

早期リタイアのやり方を紹介するＳＮＳが活況で、ポッドキャスト（ネットラジオ）の「FIRE Drill」は人気ランキング上位の常連だとか。

プライベートの時間を重視する人たちにとっては憧れの生き方だと思いますが、日本でサラリーマンをやっていて30歳までに財を成せるかというと、おそらくほとんど無理でしょう。一部の上場企業のエリートか、副業を組み合わせて資産を上手に膨らませるか。遺産相続や宝くじで大金が入ってくるか。そんなところでしょうか。

ちなみに、ＦＩＲＥ族は親がかりや単なるラッキーで財を得たわけではなく、ちゃんと自分で稼いで、したたかに資産形成をした人たちです。１００万ドルくらいを貯めて、利回り４％で運用していくと、毎日働きに出なくても生活が回っていくというファイナンスモデルです。

早期リタイアするだけの資産があったら、私はやっぱり会社をつくって経営したいです。自由もないよりはあったほうがいいですが、経営の魅力が勝ちます。

「何がそんなに面白いの？」と思う人は、ぜひ自分で起業して確かめてください。苦労も多いですが、それを補って余りある「プラス」の見返りがきっとあると思います。

プラスとはお金もそうですが、自分の成長だったり、従業員やお客さまの笑顔だったり、会社が大きくなっていく喜びだったり……挙げきれないほどたくさんあります。

サラリーマンを辞めるのは勇気が必要でも、一歩を踏み出せばガラリと風景は変わり、新しい世界や新しい自分と出会うことができます。

「起業する人」と「起業しない人」、世の中には2種類の人間しかいません。

さて、あなたはどちらの仲間に入りますか——？

令和2年5月

池　俊明

著者プロフィール

**池 俊明**（いけ としあき）

株式会社レイクス21代表取締役社長。

1951年宮崎に生まれる。1975年に芝浦工業大学を卒業し、岩谷産業株式会社に就職。鉄鋼関連の営業を担当する。中国の会社への出向なども経て、1997年に社内での新規事業の企画の募集に介護事業を提案。企画が却下されるが独立して自分で始めることを決意し、1999年9月に同社を退社。在職中に青山学院大学2部に通い経営学を学ぶなど入念な準備を経て、2000年1月48歳で株式会社レイクス・トゥエンティワンを設立。これまで20年間ほぼ一度も赤字を出さずに事業を拡大し続け、現在43以上の施設を運営し、入居率は90%以上を保つ。

本書についての
ご意見・ご感想はコチラ


身《み》の丈《たけ》起《き》業《ぎょう》　47歳鉄鋼営業マンが介護事業で成功した理由

2020年5月21日　第1刷発行

著　者　　池 俊明
発行人　　久保田貴幸

発行元　　株式会社 幻冬舎メディアコンサルティング
〒151-0051　東京都渋谷区千駄ヶ谷4-9-7
電話　03-5411-6440（編集）

発売元　　株式会社 幻冬舎
〒151-0051　東京都渋谷区千駄ヶ谷4-9-7
電話　03-5411-6222（営業）

印刷・製本　瞬報社写真印刷株式会社
装　丁　　幻冬舎デザインプロ

検印廃止



Printed in Japan
ISBN 978-4-344-92855-8　C0034
幻冬舎メディアコンサルティングＨＰ
http://www.gentosha-mc.com/